教頭・校長のための 職場問題解決事典

岩田将英 著

明治図書

まえがき

　「これからの教育は正解ではなく，最適解を出せる人を育てる」というのが，未来の教育を表す常套句です。しかし，「これから」だけでなく，今までも私たち教師は最適解をひねり出し続けてきました。それは多種多様な考えをもつ家庭で育った，様々な性格の，様々な能力の，様々な進路希望をもった子どもたちの集団を，まとめて成長させようというとてつもないミッションを，私たち教師が有史以来続けてきたからです。

　「これが正解だ」という年が今までにあったでしょうか。「なんとなくうまくいった」「ギリギリ合格点かな」「異動したので，後の人にお願いすることになってしまった」というように，モヤモヤを抱えたまま次の年を迎えることも多々あったことでしょう。学級担任のときは，ある程度充実感や達成感を得て次の年を迎えられたのに，管理職になったら，それこそ様々な特徴をもった教員の，いろんな仕事の管理・監督をすることになり，まさに「隔靴掻痒」の感を何度も抱いていることと思います。

　私も読者のみなさんと同じく，日々，最適解をひねり出すべく，「ああでもない」「こうでもない」と試行錯誤を繰り返しながら，1日が無事に終わることを切に願っている1人の学校管理職です。『教頭・校長のための職場問題解決事典』という大げさなタイトルを冠していますが，「これをやれば必ず解決する！」という単純な世界でないことは，みなさんもご承知のことと存じます。私自身は，とある首都圏の公立や国立の小学校，教育行政機関などを転々としてきました。教育相談と道徳教育を専門とし，目の前のできごとを心理学的にアプローチして対処してきました。

　おそらく一般的な学校管理職より，いろいろな経験をさせていただいた者として，1つの物の見方を提供したいと思って本書を書きました。学校管理職の人間が本を書くのだから，もっとカッコよく，方々に気を配った，「大人の文章」を書いた方がいいのかもしれません。しかし，私自身はそのよう

にカッコいい文章は書けませんし，カッコいい文章はもしかすると，学校管理職の方々が本当に知りたい部分が抜け落ちてしまっているのではないか，とも思うのです。

　そこで，本書は私が普段話しているような，フランクな雰囲気の筆致で書かれています。これから管理職になる方や，管理職になった方で自分の仕事の視野を広げたい方の役に立ったらいいな，と思って，週休日の多くの時間を割いて書きました。リラックスしてお読みいただけたらと思います。

　昨今，都市部を中心に若い学校管理職が増えてきました。それぞれの現場で悪戦苦闘している様子が耳に入ってきます。本書がそのように若くして学校管理職になった先生たちの懐刀になったらいいな，と思います。また，現在，主幹教諭や教務主任を務めていて，これから学校管理職になる方の力になったらいいな，という思いもあります。

　本書では，私自身が経験したことを通して導き出された１つの最適解を紹介しています。もちろん，みなさんの置かれた状況によっては無数の別解が存在すると思います。

　本書の読み方としては，目次から興味のある項目を見つけて読んでくださっても結構ですし，最初から読んでいただいてもスーッと読めるような内容になっています。現在，問題を抱えている場合は前者の，そうではなく管理職としてのあれこれを概観したい場合には，後者の読み方をおススメします。

　私自身の経験がベースになっているので，事例めいた内容については，だいぶ脚色しており，誰の何のことかがわからないようになっていることを前もってお断りさせていただきます。心理学徒の端くれとしての倫理，教育公務員としての法令順守のため，ご理解いただければ幸いです。

　それでは，どうぞ最後までお付き合いください。

CONTENTS

まえがき ……………………………………………………………………… 2

1章　この時代に学校管理職を務めるとは？
～役が人を育てるってホント？～

大量退職・大量採用・人手不足時代 ……………………………………… 10

採用氷河期を超えたら管理職試験が待っていた ………………… 14

学校が担うもの ……………………………………………………… 18

管理職のやりがいとは何か ………………………………………… 22

Column　次年度で退職したいと教員に言われたら？　26

2章　学校経営と学校運営のこと
～おはようから，おやすみまで～

職員組織について

職員が急遽お休みをしたときの上手な対処法 ………………… 28

職員が短期の休暇を取ったときのスマートな対処法 ………… 32

職員が長期の休暇を取ったときの温かい対処法 ……………… 36

職員が退職することになったときの見送り方 ………………… 40

組織力について
職員の時間外労働時間を短くする方法 ……………………… 44
組織に学校教育目標や学校経営方針を浸透させる方法 ……… 48
職員室の空気をポジティブに変えていく方法 ……………… 52

校務分掌について
初めての分掌の任せ方 ………………………………………… 56
任せた分掌が停滞しているときの対処法 …………………… 60

Column　パワハラ・セクハラの訴えがあったら？　　　 64

3章　いろいろな子どものこと
～管理職は全クラスの担任～

指導が困難な学級について
あやしい兆候の掴み方と，最初の対応方法 ………………… 66
担任だけでなくチームで対応する方法 ……………………… 70
３月まで何とかもってくるための方法 ……………………… 74

CONTENTS　　5

いじめの認知について

いじめ防対法を正しく理解する方法 ………………………… 78

子どもからの訴えがあったときの対処法 ……………………… 82

保護者からの訴えがあったときの対処法 ……………………… 86

アンケートで認知したときの対処法 …………………………… 90

特別な支援が必要な子どもについて

就学するときの情報の集め方と体制づくり …………………… 94

入学してからの実態把握と環境整備への指導・助言の仕方 98

どうにもならなくなったときの助けの求め方 ……………… 102

Column　異動希望が出されたら？ 106

4章　いろいろな職員のこと
～大家族の大黒柱になる！～

教員の指導力について

教師の指導力の上げ方 ……………………………………… 108

指導力に課題がある教員を何とかする方法 ………………… 112

職員間の人間関係について

関係性に課題のある教員同士へのアプローチ …………… 116

若手とベテランに距離がある場合の対応法 ……………… 120

学年内の人間関係がうまくいっていないときの対処法 …… 124

Column　職員面談で何を話す？　　　　　　　　　　128

5章　いろいろな保護者や地域のこと
～人生いろいろ，価値観もいろいろ～

保護者と学校の関係について

保護者の学校への期待を受けとめる方法について ………… 130

保護者組織と学校との関係をスムーズにする方法 ……… 134

難しい保護者との折り合いをつける方法 ………………… 138

地域と学校の関係について

地域の成熟度を測って，地域の力を把握する方法 ………… 142

地域と学校の関係を整える方法 …………………………… 146

地域からの苦情にさわやかに対応する方法 ……………… 150

あとがき ……………………………………………………… 154

1章

この時代に学校管理職を務めるとは？

~役が人を育てるってホント？~

大量退職・大量採用・人手不足時代

あと10年くらい待てば…

　私が採用された2000年代初頭，当時は教員採用者数が極めて少なく，東京都の小学校の募集は140人，千葉県の小学校の募集も30人でした（1999年）。文科省のデータ（「公立学校教員採用選考試験の実施状況について」）で全国の倍率（採用者数／受験者数）を見てみると，最も高かったのは2000年で，小学校が12.5倍，中学校が17.9倍。令和4年の小学校2.5倍，中学校4.7倍と比べるといかに狭き門だったかがわかると思います。ちなみに，令和6年の小学校教員志願倍率は，東京は1.7倍，千葉は1.6倍……。

　定年が65歳に伸びましたが，その年に何人抜けるから何人採用しなくてはいけない，というのはかなりの精度で推計できます。この「抜ける人数」しか採用できない，というシステム（法律）があるために，私たち2000年前後の採用者は就職氷河期を迎えたわけです。この波は第2次ベビーブームと連動しています。1971年〜74年に生まれた世代が小学校へ入学した1997年〜1980年に小学校の教員は大量に採用されました。さきほどの文科省のデータによると，**小学校は1979年に全国で22,975人採用されたのがピークです。その3年後に中学校の教員採用数がピークを迎え，16,134人採用されています。**その人たちが定年を迎える2017年前後に大量退職時代を迎えたわけです。

　2000年に教員採用試験浪人をして臨時講師をしていたときには，ベテランの先生から，「私らが辞めるあと10年くらい待てば採用されるからね」などと，慰めにもならないような言葉をかけてもらった記憶があります。

　そのような状況の中，学級を担任している講師は教諭と変わらない仕事を

こなし，帰宅後，目をこすりながら採用試験の勉強をしていました。当時はICTも今ほど進んでいませんでしたから，成績をつけるのもテストの素点を電卓で計算し，所見はすべて手書きで行っていました。

こんなにいるんですね！

さて，自分の親ぐらいの世代と働いていた職場に，ちらほらと若者が入ってきました。それまでは，飲み会があるとあれやこれやと下働きをさせられ，カラオケに行けば必ず最初に歌わされ，「若いんだから……」という枕詞とともに何回も授業研をやらされ，「早く下が来ないかな～」という日々がついに終わりを迎えようとしていたのです。

早く来てお湯を沸かしたり，職員室にある先生たちの机を拭いたり，新聞を取って校長先生の机の上に置いたり，その他にもいろいろあった「若手の仕事」を，入ってきた新人とシェア。その次の年には新採が2名入ってきて，朝の「若手の仕事」を当番制にしたりして……。だけど，その新採の1名が朝起きられなくて，仕方がないからもう一方の新採がカバーして，実質当番制が崩壊。さらにその次の年にまた新採が2名入ってきて……を何回か繰り返し，**いつの間にか経験年数10年未満の教員が大半を占めるようになりました**。そもそも「若手の仕事」っておかしくないですか？みたいな話になり，入ったときは「貴重な若手」だった自分も，大量に採用された若者たちの前ではただの「絶滅危惧種」。むしろ，少数のベテランとは違う，「小姑」みたいな微妙な立ち位置になっていました。

そのような日々をしばらく過ごしていたら，校長に呼ばれて教育委員会に異動することになり，転職したかのようにまったく違う種類の仕事をする毎日……。

採用された教員は，初任者研修を受講するわけですが，集合研修は校外研修として市区町村の施設で行われます。何年か前は市の中くらいの会議室で収まっていたのに，いつのまにか一番大きな部屋で1つの長机に3人掛け。

1章｜この時代に学校管理職を務めるとは？　11

ぎゅうぎゅうに詰め込まれている姿を見て，全県で100人時代の私は思わず「こんなにいるんですね！」というため息が出ました。そのうち新型コロナが流行り始めて，座席の間隔を取るために市のホールでやることになりました。１つの学校に２～３名も新採が入ってくるのですから，当たり前といえば当たり前なのですが，実際に目にするとその光景は圧巻でした。

　その大量の新採と入れ違いに，定年退職を迎える先生たちがいます。本当に力のある先生たちが，年齢でスパッと切られていきました。寂しいなんてものではなくて，中には親と別れるくらいの喪失感を抱いてしまう先生もいました。教師とて公務員なんだな，と自覚させられる場面でもあります。職員室の雰囲気が殺伐としたとき，学年に問題が起きたとき，家庭と仕事のバランスで困ったとき，「あの○○先生がいたら何て言うかな」「相談したいな」「今，居てくれたらなぁ」と思うことがありませんか？

　「教育技術の継承」というのがこの時期のテーマでした。先輩たちが培った教育技術を若手にどう継承していくか，というものです。**この頃は，学年の人事も，若手に主任をやらせて，ベテランを副主任にするという配置が流行りました。**ベテランがいなくなる前に，ベテランをメンターにして育成しようという目論見です。この取り組みで，とても有能なミドルが育っていきました。しかし，時間の経過とともに，もっと大きな問題が起こったのです。

担任がいません！

　ＳＮＳというメディアにより，個人の意見が世界へ向けて自由に発信されています。このこと自体は決して悪くないのですが，発信されたことによる影響には，プラスの面とマイナスの面があります。「＃教師のバトン」というハッシュタグが文科省の試みとして始まりました。当初は教師の魅力を発信する目的で行われましたが，いつのまにか教師の労働環境がいかに劣悪かを暴露する，ネガティブキャンペーンみたいになってしまいました。経済の状況によって，教育界に限らずあらゆる職種で人手不足が起きていますが，

この「#教師のバトン」も大きな影響があったことは否めません。

　どんな仕事にも光と闇があります。取り立てて教師の仕事に闇があふれているとは思いません。しかし，まったく闇がないとも思いません。社会の最前線で多様な人間と向き合っているのですから，いろいろなことが起こったり，社会の歪みみたいなものに向き合わされたりしているのは事実です。「#教師のバトン」でネガティブな状況を投稿せざるを得ない方々には，いち早く状況が改善されることを願うばかりです。

　学級担任がいなければ，誰かを充てるしかありません。**職員室から教務主任が消え，次に教頭・副校長が消え，挙句の果てには校長がいなくなった学校さえあります。もはや「教育技術の継承」というレベルではありません。**そもそも人がいないのです。定年退職を迎えた先生を再任用し，それだけでは足らずに再任用を終えたさらに高齢の先生を講師に，それでも足らずに保護者で教員免許をもっている人に呼びかけて講師登録をお願いするという，なりふり構わない感じで穴を埋めています。それでも，穴は埋まりません。「ワンオペ育児」が話題になりましたが，現代の管理職は，学級担任と学校運営・学校経営の「ワンオペ」と化しています。

　そのような状況の中で，働き方改革も進めなくてはいけません。いろんな偉い先生が，いろんなことを指摘しています。確かにそうでしょう。それができれば働き方改革は進むのでしょう。しかし，自分の学校はどうすればいいんだろう，という管理職が多いのではないでしょうか。こんなに穴ぼこが空いている学校を，今，いるだけの人間でギリギリ回している状態で，どうやって働き方を改革すればいいのか，という嘆きが本音なのではないでしょうか。**自分の学校の働き方改革に答えを出すのは，他でもない自分なのでしょう，どこかから誰かがやってきて，「こうすればいいんだよ」と教えてくれる人は残念ながらいません。**ですから，いくつかの先達からのヒントとともに一緒に考えていきたいと思います。

1章｜この時代に学校管理職を務めるとは？　13

採用氷河期を超えたら
管理職試験が待っていた

男はみんな校長になるからな！

　見出しの言葉は，私が採用された2000年代初頭に，採用担当の管理主事から言われた言葉です。今から20年以上前なので，ジェンダー的に少し問題がある発言ではあります。

　当時の管理主事の言葉選びの問題はさておき，大量退職で校長も大量に退職するわけですから，その年に採用した人たち全員を校長にするくらいでないと，学校が成立しなくなるのは予想されたことでした。事実，周りを見回すと，同期はみな一定の時期が来るとほぼ全員，どこかの市町村の指導主事になり，そして，しばらくすると，これまたみんな教頭や副校長になりました。それまでのキャリアで，内地留学する人がいたり，療養休暇に入る人もいたりしましたが，だいたい同じようなコースを歩んでいるようです。**いずれにしても，自分たちの世代は極端に少ない。だから，将来的には全員が校長になる，全員がなっても足りないくらいだ，という未来予想は，採用された年から漠然とではありますがもっていました。**

　同期の他の人たちはどう考えていたかわかりませんが，私としては，好むと好まざるとに関わらず，校長にならなくちゃいけないんだな，と思っていました。自分には荷が重いから，定年まで教諭でいこうとは思いませんでした。それは，偉くなりたいとか，自分の学校をつくりたい，といった気持ちではなく，誰かが引き受けなければならない，という責任感みたいなものでした。第一，採用された全員を校長に充てても足りない，と言われたら，「自分はちょっと…」とは言えません。そもそも教員になる人は，責任感が

強かったり，社会に貢献する意識が強かったりする性質があります。いずれ校長をやらなくてはいけないのだったら，それまでにどんな力をつけようか，というのが私のテーマになりました。学校のトップになったのに，何の力ももっていない，ってなったらカッコ悪いな，というのが当時の率直な思いでした。とはいえ，駆け出しの自分は将来を見通すどころか，毎日の教材研究や学級経営に忙殺されたのでした。

3回受けてやっと受かった！

　少し時間が戻るのですが，2000年前後の教員採用試験は全国的に氷河期でした。これは前の項でも述べた通りです。私は地元の国立大学で教員養成課程にいたのですが，先輩たちは教員を諦め民間企業へ就職する人も多かったです。東京都の小学校の採用募集が140人だった話はしましたが，応募してきたのは約3000人でした。1次合格者が400人で，私はどういうわけか受かってしまいました。しかし，2次試験で落ち，次の年は1次試験から落ちました。このときは「絶望」しかありませんでした。本当に途方に暮れました。親が警察官だったので，警視庁の募集要項をもらってきてくれました。私も先輩たちと同じように教員を諦めて，別の仕事に就く寸前までいきました。とはいえ，この仕事に就きたかったので，今までの身が入らない勉強を改めて，教育法規から勉強し始めることにしました。

　当時，講師をしていた学校の校長先生から，「千葉県を受けなさい」と言われ，3回目は千葉県を受験することになりました。自分が東京都にこだわったのは，自分が高校まで東京都の学校に通っていたからでした。調べてみると，当時の千葉県の教職教養は4教科からしか出題されておらず，全教科から満遍なく出題される東京都より勉強しやすいことがわかりました。それに，東京都は実技試験に水泳とピアノの弾き歌い，模擬授業がありましたが，千葉県は水泳と器械体操しかありませんでした。いろいろ考えて，大学も千葉県の大学だったし，東京都にこだわる理由もないので，素直に千葉県を受

1章｜この時代に学校管理職を務めるとは？　　15

験することにしました。私が受けた2001年採用試験（小学校）の募集人数は前年の30人よりだいぶ増えて，100人程度でした。そこへ833人が応募しました。この年の１次試験（筆記）は千葉県に台風が上陸し，延期になりました。そのせいで１次試験（面接）を先にやって，その後，筆記試験を実施するという変則スケジュールでした。

　この面接のときの面白エピソードは，拙著『ポジティブ学級に変える！解決志向アプローチ入門』（明治図書）に譲りますが，そんなこんなで３回受験して，晴れて教師になれたのでした。しかし，**世の中には８回受けたとか，10回以上受けたという人もいる時代です。それだけ，「絶対に教師になる！」という強い思いをもって，私たちの世代は教師になったのでした。**

突然の呼び出し

　「ラブストーリーは突然に」という曲がありますが，あのドラマのシーンが頭に浮かんだら同世代です（笑）。それはさておき，管理職試験を受けるときのシチュエーションは大きく分けて３つあるのかな，と思います。１つは，学校現場にいて，校長先生が教室にやってきたり，あるいは校長室へ呼ばれたりして，「管理職試験を受けてみませんか」というお声がけをいただくパターン。もう１つは，行政機関にいて，上長に呼ばれて「管理職試験を受けてください」と言われるパターン。それから，自分で校長先生のところへ行って，受けさせてください，と直訴するパターン。かくいう私は２番目のパターンでした。

　自治体によっては，管理職試験を受ける人たちの勉強会が，校長会主催で実施されています。通称「夜の勉強会」です。もちろん，そのような会が存在しない自治体もありますし，そもそもそのような会に参加せず，自分で勉強をしている先生も多くいます。しかし，日々の業務に追われているとモチベーション（というより危機感）は高まりませんし，仲間がいることの安心感や適度な緊張感はこのような会があることによって得られると思います。

私は字を書くのが遅いので，論述試験は苦手でした。文を書くこと自体は大好きで，だからこそこのように本を書いているわけですが，何よりも鉛筆やペンで字を書くのが遅いのです。しかも悪筆なので，速度を上げるともはや誰も読めません（笑）。この勉強会では論述試験のトレーニングが大いに役立ちました。

　法規は大好きでした。と書くと，たいていは変人扱いされます。自分が法規をどうして面白く感じるかというと，学校のあれこれが「あーこれだったのねー」というように，答え合わせのようになるからです。例えば，なぜ朝出勤したら出勤簿に押印しなければならないかは，管理規則の何条にあるからとか，年次休暇の取得が1時間単位なのは，この年次休暇の運用の規則に書いてあるからとか，等々。そうしてみると，**学校というシステムが，法律や条例で精密に設計されていることを理解できて，先達たちの努力とか英知とかをつぶさに感じることができる**のです。

　語弊がありますが，管理職試験の合格率は高かったです。採用試験が極めて厳しかった半面，管理職試験は逆になります。ということは，採用試験が厳しくない大量採用の世代は反対に，管理職試験が厳しくなるということなのでしょう。

　だからこそ，**今の時代に管理職になる人間は，一人一人の責任が重大なのだ**なと改めて思ったものでした。どういう力を携えて管理職になるか。その**力は本当に役に立つのか。それまでの自分の経験や研鑽の答え合わせをしていくのです。**昔，バラエティー番組で「誰かがやらねば」というタイトルの番組がありました。その半年後に曜日が変わって「やるならやらねば」という番組名になりました。まさにそのような心意気です。もちろん，初めから「校長になって自分の理想の学校をつくる！」と考えている方もいるでしょう。どのような動機の人であっても，現在において管理職を務める人は，概ねそのような状況であったのではないか，と想像します。もちろん，地域によっては多少，事情が異なることでしょうが。

1章｜この時代に学校管理職を務めるとは？　17

学校が担うもの

つながるために学ぶ，学ぶためにつながる

　「学校はゴミ箱，教師はサンドバッグ」という小野田正利先生（大阪大学名誉教授）の表現があります。教育委員会も，地域・保護者も，何でもかんでも学校に放り込んでくる。教師は反撃してこないので，容赦なく攻撃のはけ口にされる，ということのようです。確かに，そのような残念な現象がないわけではないですが，ごく一面的な見方だと思います。多くの場合，**この大国ニッポンの人材育成を愚直に支え続け，国際競争力が落ちつつも何とか踏みとどまらせているのは他でもない，学校と教師の底力**です。

　このように書くと必ず反論されるのは，学力は民間の学習塾が高めているのであって，学校はその恩恵を与えている程度だ，という意見です。確かに，受験を目的とした塾で，能力の高い子どもたちがその能力に磨きをかけていることは否定しません。しかし，大都市圏を含めて，多くの地域の基礎学力を支えているのは公立学校の教育です。

　もとい，たとえ学力の向上に学習塾が大きく寄与していたとしても，**学校にはもっと大きな役割があります。それは，「生きる力」を培うという目的をもった，全人教育**です。他の国では，学校が学習のみを担うところも多くありますが，私たちの国の学校教育は「知・徳・体」のすべてを網羅します。知識を学習塾が，体育をスポーツクラブが担うことができても，徳育を学校以外で担うところはあまりありません。

　徳育を平易な言い方で表現すると，「生き方とつながりを学ぶ教育」です。アドラー心理学を創始したアルフレッド・アドラーは，こう言います。「す

べての悩みは人間関係に起因する」と。また，カウンセリング心理学の大家，國分康孝は「人間関係は座学では学べない。実習が必要である」と言っています。つまり，人間が「生きる力」をもつには，知識をもっていたり，運動ができたりするだけでは不十分で，それを発揮するための場，人とのつながりの中で個性を表現する力をもたなくてはいけないのです。

その，「人とのつながりの中で，『私』らしく生きる力」を継続的に育てる場は今のところ，学校しかないように思います。

「子ども部屋おじいさん・おばあさん」

人とのつながりの中で生きられないとどうなるのか。その象徴的な姿が「ひきこもり」です。内閣府「こども・若者の意識と生活に関する調査（令和4年度）」によると，生産年齢（15歳〜64歳）の50人に1人，推計約146万人がひきこもりであると示されました。この調査は15歳〜39歳と，40歳〜64歳のカテゴリーに分けられています。

ひきこもりになった原因として，15歳〜39歳では，「退職したこと」（21.5%），「人間関係がうまくいかなかったこと」（20.8%），「中学校時代の不登校」及び「新型コロナウイルス感染症が流行したこと」（18.1%）となっています。40歳〜64歳では，「退職したこと」（36.0%），「病気」（22.1%），「新型コロナウイルス感染症が流行したこと」（19.8%），「人間関係がうまくいかなかったこと」（17.4%）となっています。

40歳以上の原因である「退職したこと」（36.0%）は，ちょうど就職氷河期と重なっている世代なので頷けます。また，両方の年代の「新型コロナウイルス感染症が流行したこと」（18.1%と19.8%）は，社会情勢に起因するのでどうしようもない部分も大いにあり

ます。しかし，「人間関係がうまくいかなかったこと」，「中学校時代の不登校」は，「人とのつながりの中で，『私』らしく生きる力」を育てることによって，多少なりとも改善していく可能性があります。

　この内閣府の調査を見ていくと，いくつか特徴的なデータがあります。「ほとんど家から出ない状態が6ヶ月以上続いている」10歳～14歳の子どもに，「何歳ぐらいからそのようになったのか」をたずねると，「9歳以下」(30.2%)，「10歳」(20.6%)，「12歳」(19.0%) と，小学校の早い段階から始まっていることがわかります。

　その原因については，「新型コロナウイルスが流行したこと」(22.2%)，「学校にうまくなじめなかったこと」(17.5%)，「まわりの人とのつき合いがうまくいかなかったこと」(15.9%)，「中学生のときの不登校」(14.3%)，「小学生のときの不登校」(12.7%) とあるのですが（複数回答），一番多かった理由が「特に理由はない」の34.9%でした。つまり，小学生の早い段階から，特に理由もないけど自分の部屋から出ない生活が延々と続いていきます。

　また，中年になっても子ども部屋から出ない人々について，「子ども部屋おじさん・おばさん」という言葉もあります。しかし，現実はさらに進んで，**60歳を超えてもまだ子ども部屋にいる，「子ども部屋おじいさん・おばあさん」があちこちに存在している**ということです。

生きていてよかった

　困ったことや，悩みごとがあると，そのことだけが視界を占めるので，「自分は不幸だ」とか，「人生が終わった」と考えがちです。子どもたちは大人以上にそういう思いをもつ傾向があります。さきほどの内閣府の調査をさらに見ていくと，「ものごとがうまくいかず落ち込んだ経験が『あった（または，現在ある）』」と答えた10～14歳は67.8%で，年齢が上がるほど率が上がっていきます。

その一方で，「落ち込んだ状態から元に戻った経験」をたずねると，89.8％が改善していました。さらに，そのきっかけを複数回答でたずねると，「友だちの助け」（54.3％），「家族や親せきの助け」（52.6％），「自分の努力で乗りこえたこと」（43.4％）「時間がたって状況が変化したこと」（38.2％）となっていました。「学校の先生に相談したこと」は第5位で，15.9％でした。ちなみに「スクールカウンセラーなどに相談したこと」は3.2％でした。

　まとめると，**思春期の子どもたちは約7割が落ち込んだり，悩んだりするけれども，約9割が友達や家族，学校の先生の助けを得て立ち直っている**ということです。生きていると必ず落ち込んだり，悩んだりする経験に遭遇します。一生懸命に生きている真面目な人ほど，悩みは多くなります。子どもは基本的に真面目です。大人のように，上手に手を抜くことができないからです。

　落ち込んだり，悩んだりしているときは，問題との距離が近すぎるので，問題状況が自分の人生のすべてであるかのような錯覚を起こします。他人が介入することで，問題と本人との適切な距離が取れて，全体を俯瞰させることができます。その介入をしてくれる他者とのつながりは，健全な友人関係であり，良好な家族関係であり，**学校が効果的に育むことのできる「人間関係形成能力」がカギ**になっているといえます。

　問題状況の中にあって，悩みに苛まれている人間はときとして「死」が頭をよぎることがあります。厚生労働省「第5回こどもの自殺対策に関する関係省庁連絡会議　厚生労働省提出資料」（令和5年9月5日）によると，令和4年に自死した小中高生は過去最多の514人でした。「死にたい」と思う子どもを救うのは「つながり」であり，その「つながり」は一朝一夕にできるものではありません。

　「死にたい」くらいの悩みを「つながり」で乗り越える経験を繰り返して，「自分には支えてくれる人がいるんだ」「自分は困難を乗り越えられる人間なんだ」「生きていてよかった」と成長していきます。学校教育そのものが，自死を防ぐゲートキーパーの働きをしているともいえます。

管理職のやりがいとは何か

形を変えた学級経営

　管理職試験の論述では，「教頭（副校長）としてどのように○○します
か？」という問われ方が多かったと思います。この○○の中に，「いじめ対
策を推進」とか，「働き方改革を推進」とか，「特別支援教育を推進」などが
入っていました。これらには定番の構成があって，そのフォーマットにした
がって粛々とマスを埋めましたね。

　そのように表向きの「やりがい」を少し傍らにおいて，自分が感じる真の
やりがいを考えてみましょう。何で管理職を志願したのでしょうか？　私が
思うに，**やりがいには，①感動体験（ああ，よかった！）と，②自己の存在
意義（自分が役に立った！）の２つが必要不可欠ではないか**と思います。

　自分が学級を担任していたとき，何がやりがいだったでしょうか。子ども
たちと一緒にがんばって，何かを成し遂げたとき，「ああ，教師になってよ
かったな」「この仕事はなんて素晴らしいんだろう」と感動しましたね。で
きなかった逆上がり，跳び箱，二重跳び，九九ができた瞬間に，子どもと一
緒に飛び上がって喜びましたね。子どもたちの成長は，子どもたちの能力や
努力と教師の指導とのかけ算の結果です。どちらが０でも，答えは０です。
子どもの変化に自分の指導が効いたとき，教師としての効力感や存在意義を
感じたかと思います。

　それと同じように，**先生たちと一緒にがんばって，子どもたちが成長した
り，感動したりする場面をたくさんつくることが，管理職にとってのやりが
い**につながります。また，**職員室の雰囲気づくりや，先生たちが働きやすい**

環境をつくることは、管理職の人間性に由来するところが大きいので、うまく機能すれば自分自身の存在意義を強く感じることと思います。

自分のリーダーシップを微調整する

　リーダーシップ研究で古くから活用されているものとして、PM理論があります。九州大学の三隅二不二（故人）が1960年代に提唱した理論です。学級集団をアセスメントすることで有名なQ-Uも、この理論が根底にあります。PはPerformance（目標達成機能）の頭文字で、集団を鼓舞したり、目的を達成する

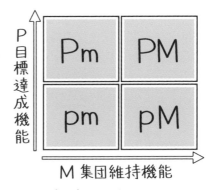

ために背中を押したりするようなリーダーシップです。MはMaintenance（集団維持機能）の頭文字で、メンバーを慰撫したり、ときにはケアしたりするリーダーシップです。

　Pは父性的なリーダーシップ、Mは母性的なリーダーシップと理解することもできるので、Pをパパ、Mをママの略と間違って理解している人もいるくらいです。このPM理論は、Pの機能を縦軸に取り、Mの機能を横軸に取った4つのエリアを想定しています。Pが強くMも強いリーダーシップをPM型【右上】、Pは強いがMが弱いリーダーシップをP型（またはPm型）【左上】、Mは強いがPが弱いリーダーシップをM型（またはpM型）【右下】、どちらも弱いリーダーシップをpm型と分類しています【左下】。

　理想的なリーダーシップはPM型と言われていますが、自分のリーダーシップをふり返ったとき、何型に分類されるでしょうか。P型のリーダーシップの、いわゆる「俺についてこい」タイプは、教職員間に序列が生まれがちで、評価されていない（と感じている）職員が、陰で嫌な空気をつくったり、面従腹背をしたりします。パワハラ気味のリーダーシップもこの中に含

まれます。

M型のリーダーシップだと，職員室が温かく職員ものびのびしていますが，どことなくルーズで「内輪ウケ」のような雰囲気がはびこり，保護者や地域から見たときに少し緊張感に欠ける気持ち悪い集団に映ります。きちんとした性格の先生は，職員室の締まりのない雰囲気に耐えられず，教室で仕事をし，職員室に滞在する時間が必要最小限になります。pm型のリーダーシップは，リーダーシップの機能がそもそも働いていないので，先生たちがそれぞれ個人の信条に基づいていろいろな方向を向いており，組織として目標を共有できていない，カオスな職員室になります。

PM型のように，学校教育目標の達成というゴールを軸にしてぶれることなく，職員一人一人に思いを致すのが理想的です。しかし，管理職も人間なので揺れることがあります。**今の自分の状態を，P機能とM機能という2つの軸で分析し，ときどき微調整するバランス感覚が必要**です。

奉仕的なリーダーシップ？

学校の組織構造は，極端に管理職員が少なく，「なべ蓋」と言われています。多少，副校長や主幹教諭，指導教諭，主任教諭など，新しい職を登場させたものの，それらの職が十分機能を果たしているかは議論の余地があります。なぜ，そのような新しい職が十分に機能していないかというと，**いわゆる一般教諭自体に，公務員としては異例の幅広い権限が与えられている**からです。教室において教師は，子どもたちの実態が様々であるために，指導方法に工夫が求められます。学習指導要領は身に付けるべき学習内容が書かれていますが，教え方が書かれているわけではありません。教科書についている教師用指導書（いわゆる朱書き）も，ある程度の流れは書いてありますが，子どもの実態に合わせて削ったり，付け加えたりして指導しています。

そのように，教科書を使用する義務はあるものの，どのような教え方をしていくかについて，一般教諭が判断できる権限が与えられています。したが

って，他の公務員とは違って意見を述べたり，意思を表明したりする機会が多いので，上意下達のようなリーダーシップは受け入れられない土壌があります。そうはいっても，校長をはじめとする管理職はリーダーシップを働かせなければ，学校としての目的を果たすことができません。**そこで発揮されるべきリーダーシップとして，「サーバント・リーダーシップ」がヒントになる**のではないか，と私は考えています。「サーバント・リーダーシップ」とは，1970年にロバート・K・グリーンリーフが提唱した理論です。管理職がリーダーとして，他の職員の上に君臨するのではなく，職員のニーズや教師として実現させたいことに寄り添い，奉仕的に関わることで，学校経営に対する職員のコミットメントを高めていく方法です。

　もちろん，校長をはじめとする管理職が，こういう学校をつくりたいという学校教育目標を示すわけですが，それを具体的な形にしていくのは他ならぬ先生たちです。その先生たちに気持ちよく働いてもらうことで，結果として学校教育目標が実現に近づくという仕掛けになっています。

　力がつく素晴らしい授業は，子どもたちが夢中になって活動に取り組んでいます。子どもたち自身は，「○○の力をつけたい」とは思っていません。ただただ夢中になって活動に取り組んでいるのです。しかし，学習の結果として教師がねらった力が子どもたちについています。

　それと同じような感じで先生たちに働いてもらうのです。もちろん，それはあくまで理想の姿であり，実際にすべてうまくいくことは皆無でしょう。

　しかし，**率先して先生たちに奉仕的に関わり，一人一人を大切にしている思いを伝え，つくりたい学校の姿を語り，目標を常に共有することは，学級担任だったときと基本的には変わらない姿勢**だと思います。

　そのようなコミュニケーションの中で，少しでも目標に近づけたとき，かつて跳べなかった跳び箱が跳べた子どもと一緒に喜びを分かち合ったように，先生たちと喜びを分かち合っていくのが，管理職としてのやりがいなのではないでしょうか。

1章｜この時代に学校管理職を務めるとは？　25

―――――― Column ――――――

次年度で退職したいと教員に言われたら?

　近年，1年目で退職する教員が増えています。世の中にある職業は教員だけではないので，自分の適性に合った仕事を選んで，続けた方がいいと思います。ですから，ドライな言い方をすれば個人の自由だと思います。

　しかし，昨今の教員不足を鑑みると，貴重な人材を失うということは忌々しき事態です。とはいえ，理由が「仕事が辛いから辞めたい」「この仕事に魅力がなくなった」だと，管理職がどう引き留めようとも気持ちが変わることは少なく，「次の仕事は決まっているの?元気でね」になる可能性が高くなると思います。

　退職の理由が「進学したい」「もっとレベルアップしたい」「私立学校へ行きたい」という教員には，内地留学などの大学院派遣や，国立大学の附属学校への交流人事の紹介をしたり，斡旋をしたりします。この仕事を続けながらでも，夢に近づくことができるからです。

　「本当は続けたいのに辞める」「子どもは好きだけど辞める」という理由だと，管理職として看過できない事態です。

　私自身，教員になった1年目，やっと就けた仕事を辞めたいと思ったときがありました。母に「ぼくはこの仕事が向いてないみたいだ」と漏らすと，「あんたなんかに向いている仕事は1個もないよ!」と怒られました。母の冷たい発言に憤慨しましたが，冷静になってから「そうか，向いている仕事があるんじゃなくて，自分が仕事に合うように変われ!ということか」と理解して，学級経営も授業も，ちっともうまくいっていませんでしたが，腰を据えて授業改善を繰り返した思い出があります。

　年老いた母に，「あのときのお母さんの言葉があったから，ぼくは今も教員を続けているんだよ」と言ってみました。しかし母は「私，そんなこと言ったっけ?」と笑っていて，これっぽっちも覚えていないのでした。

2章

学校経営と学校運営のこと
～おはようから，おやすみまで～

職員組織について

職員が急遽お休みをしたときの
上手な対処法

　朝，職員室にいると3学年担任の〇〇先生から電話が……。インフルエンザにかかってしまったので，当日休暇及び今週のお休み。さて，どのように動けばよいでしょうか。

学年に自習計画の作成を依頼する

　以前は，お休みする先生から電話があって管理職に休むことが伝わり，そこから動き出す，という流れが多かったです。しかし，近年は学年職員でLINE グループをつくっていることが多く，LINE のメッセージを受けた学年職員から，「〇〇先生が□□でお休みみたいです」という報告を先に受けることが多くなりました。その後，本人から電話でお休みの連絡があり，管理職による詳細の確認，という順番になることがほとんどになりました。

　学年の LINE グループのメッセージに自習計画の内容が書かれていることが多いので，学年職員にはそれを基に校内規定のフォーマットに整えて，正式な自習計画を作成してもらいます。

　自習計画を作成してもらいながら，学年内で自習監督できたり，他の学級と合同で実施できたりする授業はないか，確認してもらいます。LINE で送られてくる自習計画は，自宅で立てていることもあってか，内容が乏しかったり，少し無理があったりすることがあります。そういう場合は，**学年内で検討して，子どもが少しでも充実した1日を送れるように，自習内容を修正してもらうことが大事**です。

教科担任制を実施している学校の注意点は，自習計画が２種類必要になることです。それは，担任する学級の自習計画と，教科担任として入る学級の自習計画です。お休みした先生の学級の自習監督についてだけでなく，教科担任として入る予定だった学級の穴についても，管理職は気を配らなくてはいけません。この教科担任の学級の自習を忘れがちになるので要注意です。

空きコマの一覧をつくらせておく

　学年から自習計画が上がってきて，「どうしても２時間目と３時間目が埋まりません」という相談を受けることがあります。自習の穴を埋めるのはほとんどの学校で教務主任の仕事だと思いますが，**管理職はあらかじめ空き時間の一覧をつくらせておきます。**

　学校に全学年の時間割一覧があります。「え〜と，月曜日の２時間目に空いているのは〜」と探すのは意外と時間がかかります。そこで，先生方の月曜日〜金曜日の１時間目〜６時間目の空き時間が一覧できる表を用意しておきます。そうすることで，自習計画作成の時間が短くなります。

　気をつけなければならないのは，自習監督をお願いする先生が偏るケースがあることです。高学年ほど空き時間が多いので，お願いする回数が多くなります。まして，月曜日は子どものお休みも多いですが，先生たちのお休みも多い傾向があるので，月曜日に空き時間がある先生にはお願いすることが多くなってしまいがちです。

　しかも，気持ちよく引き受けてくれる先生は頼みやすいので，管理職も甘えがちになります。**不公平感が出ないように，あらかじめ「お休みの場合はお互いさま」であることや，自習監督の回数がなるべく均等になるように，配慮しながら進めていきましょう。**とはいえ，お願いした先生に「この時間に〇〇しようと思ってたんですけどね〜」と言われると，申し訳ない気持ちになりますが，そこは「すみませんね〜」と丁重にお願いをしましょう。

2章｜学校経営と学校運営のこと　　29

自習計画で必ず確認すること

　自習計画の内容のチェックで大事な点が4つあります。1つ目は給食についてです。給食の時間の欄を見て，**食物アレルギーがある児童生徒について記載の有無**を確認します。自習計画のフォーマットに，あらかじめ「食物アレルギー　あり・なし」という項目を入れ，その下に詳細を書き込めるようになっている学校がほとんどだと思います。「あり・なし」

```
自習計画
☑ 給食について
☑ 体育について
☑ 実習について
☑ 着席して学習する
　 内容か
```

のどちらにも〇がついていない場合には，学級担任もしくは養護教諭，栄養教諭等に連絡をし，当日のメニューが該当しないかの確認をします。

　2つ目は体育についてです。自習なので，学級担任もしくは専科教員以外の教員が入ることになります。ということは，児童生徒の健康に係る基本情報は，重篤なもの以外もっていません。ですから，**自習で体育を行うのは原則として許可してはいけません。**また，体育が専門の先生が「じゃあ，うちのクラスの体育と合同でやってあげるよ」と言ってくれることもありますが，そういう場合にも自習監督の教員をつけて職員を複数体制にします。しかし，さきほど述べたように自習監督の教員は当該クラスの子どもについての基本情報が乏しく，ケガをした場合に保護者へ十分な説明をすることが難しい場合があるので，原則，自習の体育はやめた方がよいです。

　3つ目は実習についてです。**調理実習やミシンでの製作，理科実験，はさみやカッター，糸のこぎり等の刃物を使う図工の制作は，担当する専科教員が実施する以外は，原則，許可してはいけません。**しかし，当該学年の教員が自習監督に入るから許可をして欲しい，期日までに終わらないと困る，と懇願されるケースがあります。状況によっては許可をしてよい場合もありま

すが，学級に入る教員の経験年数が浅かったり，能力的に厳しかったりする場合は，リスクが高いので許可をしない方が安全です。

4つ目は**自習の内容が基本，着席して学習する内容か**，ということです。このポイントは特に，何らかの事情で自習監督を入れることができない場合に重要な点です。授業研究や他学級の授業参観で教室に教員がいない場合の自習も同様です。静かに座って，黙々と取り組む課題になっているか，必ず確認しましょう。総合的な学習の時間のグループ学習や，学級会，お楽しみ会の準備などが自習計画に入っていたら，必ず指摘しましょう。

お休みする職員本人に伝えること

たいていの職員は休むことに対して申し訳ない気持ちになっているので，「大丈夫ですよ。心配しないでしっかり治してくださいね」というケアの気持ちを全面に出します。感染症が疑われる場合に確認する内容の一例は次の通りです。「いつから具合が悪かったのか」「熱はどのくらい出たのか」「現在の熱はどのくらいか」「熱以外に具合が悪いところはないか」「ごはんは食べられているか」「医療機関を受診したか」「受診する予定はあるか」「可能な限り受診して欲しい」「受診したら内容を報告して欲しい」「他の家族は元気か」「クラスの子どもの間で流行っている病気はあるか」「学年の先生に伝えておきたいことはあるか」「お大事にしてください」

メンタルによるお休みの初期は，風邪症状を訴えることが多いです。ですから**「睡眠はどうですか」と聞いてみて，眠れていなかったらメンタルを疑います**。また，男性管理職だと難しいので，養護教諭に協力を依頼するのですが，女性職員の場合，妊娠の可能性も視野に入れておきましょう。

- 自習体制をすぐにつくれるよう，空き時間の職員一覧をつくっておく。
- 食物アレルギーやケガのリスクに目を光らせる。

2章 ｜ 学校経営と学校運営のこと　31

職員組織について

職員が短期の休暇を取ったときの
スマートな対処法

4日前からインフルエンザでお休みの3学年担任の○○先生。熱が下がらないのでもう少しお休みをいただくかもしれない，との連絡が来ました。さて，どのように動けばよいでしょうか。

所属自治体の服務規程を確認する

この項では，1週間程度の休暇を想定しています。風邪を含む感染症等についての休暇は，有給の休暇を取得できることになっているかと思います。ただし，**市区町村によっては休暇の種類が異なるので，服務規程の確認が必要になります。**

東京都の場合「病気休暇」が，千葉県の場合「療養休暇」があります。それぞれ90日取れますが（結核及び精神疾患等は別規定），医師の診断書が必要だったり不要だったりまちまちです。ちなみに千葉県の場合，7日以内の傷病は診断書が不要であり，1時間単位で取得できます。

各自治体の服務規程を知らないと，無駄に年休を使わせてしまったり，不要な手間を取らせてしまったりすることになるので，休暇の取得についてはアンテナを高くしておくとよいでしょう。近年では，不妊治療に係る休暇や，特別養子縁組，同性のパートナーを配偶者に読み替える等のトレンドがあります。

また，**出産や育児に係る休暇は，若い先生が増えている昨今，熟知している必要があります。**例えば，つわりその他の妊娠に伴う障害に関して，千葉

32

県では「つわり休暇」が14日，東京都では「妊娠症状対応休暇」が10日あります。診断書を必要としない自治体がほとんどなので，前もって調べておき，いつでも手続きが取れるようにしておくと，先生たちが安心してお休みすることができます。

進められる学習は進める

1日，2日のお休みならば，プリントやドリルによる自習，読書，合同授業で乗り切ることができますが，3日以上休む場合は学習を進める必要があります。安全に配慮を要する体育や，刃物を使う図工，家庭科の実習は，担任が復帰するまで待つべきですが，座学の学習は同学年の職員を中心に進めておいた方がよいでしょう。

特に算数・数学は学習進度が遅れると回復しにくい教科です。他の学級に追いつこうとして進度を速めると，途端に子どもたちの習熟度が下がります。補教に入った先生には，教科書に示された基本的な流れにしたがって授業を進めていくよう，管理職は指示をしましょう。

学習のフォーマットは，その学級のやり方を踏襲しますが，**授業の進め方について子どもたちから「○○（担任）先生と違う！」などと違和感を表明されることがあります。低い学年ほどそのような傾向があります。しかし，事情を説明して理解してもらうようにしましょう。**

例えば，「○○先生が元気になるまで，もう少し時間がかかるみたいです。学習を進めておくと他のクラスに遅れないですむので，今日から教科書を進めようと思います。○○先生の教え方と違うかもしれないけど，君たちにちゃんと力がつくように教えるので，私と一緒にがんばって勉強しませんか？」のように，ていねいに説明をします。中には「嫌です！」みたいに「試し行動」をする子どももいますが，たいていの子どもは理解を示してくれます。

管理職が補教（自習監督）に積極的に入るべき，という考え方もあります

2章 ｜ 学校経営と学校運営のこと　33

が，管理職を5年以上続けてきた私としては，近年，否定的な考えになっています。理由は，**管理職はプレイヤーではなく，マネージャーを主にするべき**，との考えからです。

　教頭になりたての頃は，補教にもどんどん入り，保護者対応も率先して行っていました。もともと子どもが好きで教師になったわけですし，保護者対応も内地留学で学んだので，それこそ得意になってやっていました。先生たちも教頭が肩代わりするわけですから楽になるし，喜んでくれるのです。

　しかし，だんだんわかってきたのは，そのように**教頭がやってしまうと，学校としての組織体制が育たない**という弊害があるのです。保護者対応も教頭がやるものだ，とすら思う職員が出てきました。確かに，人がいなくてどうしてもやる必要が生まれたり，保護者対応が大炎上して担任ではどうしようもなくなったりしたときは管理職の出番です。

　教頭は校務を整理する，つまり組織体制を構築するのが主です。児童の教育をつかさどるのは「必要に応じて」なのです。**教頭しかできないこと，副校長にしかできないこと，校長にしかできないこと，それぞれの職位の目的を考えて，大局的な視点と臨機応変な視点をバランスよく働かせましょう。**

子どもと保護者への説明を考える

　1日，2日の休みだと保護者もそれほど気にしませんが，3日以上の休みになると，保護者のLINEの話題に上り始めます。悩ましかったのは新型コロナが5類になる以前，職員の感染によるお休みをどう伝えるかでした。

　学校によっては，はっきりと「○○先生の家族が新型コロナに感染し，本人が濃厚接触者になったため，○日間，自宅待機といたします」というように，学校連絡システムのメールで配信していました。学校からのアナウンス

がないために，根も葉もない噂が立つということは避けられるかと思います。しかし，職員やその家族が罹患した病名を，学校からのメールで保護者へ公表することはいかがなものか，という考え方もあります。

　保護者が噂をする主な原因は不安です。うちの子の学習が遅れてしまうのではないかとか，担任の先生がいないことで学級が落ち着かなくなるのではないかとか，です。1週間程度の休みでは学校から保護者へアナウンスをすることは稀ですが，問い合わせがあったときのために説明する内容を考えておく必要があります。

　職員のプライバシーを守ることが大事なので，問い合わせがあった場合に疾患名を言う必要はないと考えます。**保護者の不安に対応するために，復帰までの見通しと，学校としての対応を伝える**ようにします。

　例えば，「○○は体調不良でお休みをいただいており，学級の子どもたちや保護者の皆様にはご心配とご迷惑をおかけして，大変申し訳なく思っています。来週の月曜日には復帰する見込みです。それまで学年の職員を中心に，管理職も含めて学校全体でフォローして参りますので，しばらくご不便をおかけしますが，ご理解いただけますと幸いです。また，何か気になることがありましたら，何なりとお電話ください」と伝えます。

　子どもたちにも，問い合わせがあった保護者へ伝えたような内容を，学年主任や学年職員を通じて伝えます。**子どもは保護者以上に不安を抱えるものですから，朝の会でていねいに伝える**ことが大切です。

　「○○先生はだいぶ元気になってきたみたいです。来週の月曜日にはみんなに会えると思うので，それまで，教室に来てくださった先生と一生懸命勉強しましょう。何か困ったことや心配なことがあったら，どの先生でもいいから，言いにきてくださいね」

（ポイント）

- ・所属自治体の服務規定を確認し，職員が安心して休めるようにする。
- ・学習進度が遅れないように，可能な限り授業を進める体制をつくる。

2章｜学校経営と学校運営のこと　　35

職員組織について

職員が長期の休暇を取ったときの
温かい対処法

以前から週の初めや不定期にお休みをしていた2学年担任の□□先生。病院からの診断書を持って校長室に来ました。さて，どのように動けばよいでしょうか。

まずはていねいに聴く

長いお休みに入るときのケースはいくつかあります。すでに連続したお休みをしていて，後から診断書を持ってくるケース。そのケースの中にも，本人が診断書を持ってくる場合と，管理職等が自宅等に取りに行く場合があります。また，五月雨式（まだら）にお休みをしていて，出勤した日に診断書を持ってくるケース。さらには，まったく前触れもなく診断書を持ってくるケースもあります。

どのケースも，①いつから体調が悪いのか（発症日？初めて休んだ日？），②どんな症状があるのか（食事？睡眠？），③原因として考えられることはあるか（持病？ハラスメント？），④症状に対して本人がどのように対処したか，⑤医療機関にはつながっているか（受診機関名？受診科？担当医？），⑥家族や親族はこの状態を知っているか（協力的？断絶？伝えても大丈夫？），⑦どのくらい

> **聞かなければならない
> 8つのポイント**
>
> ①いつから
> ②症状
> ③考えられる原因
> ④本人対処
> ⑤医療機関
> ⑥家族
> ⑦休職期間
> ⑧職場に求めること

の期間休もうと考えているか（服務の確認），⑧職場に求めることや伝えたいことはあるか（代替者との引継ぎ），を必ず聞かなくてはいけません。

　気をつけなくてはいけないのは，聞き方です。管理職は教育活動を円滑に運営したいという気持ちが強いので，ともすると当該の職員の心配よりも，抜けた穴をどう埋めるかの方に意識が向きがちです。聞かなくてはいけない内容を聞くときは，**聞き取られている職員から見て，「自分のことを心配してくれていて，その上で，管理職としての責任を果たそうとしている」という印象をもってもらえるような聞き方をしなくてはなりません。**

　聞かなければいけないことの「③原因として考えられることはあるか」はなかなかデリケートですが，大事なポイントです。学級がうまくいっていないとか，保護者のクレームがきつい，など，現在の状態から推測できるものもあります。しかし，**「持病」とか「特にありません」が要注意**です。それは本当に「持病」だったり，「特にありません」だったりする場合ももちろんあるのですが，お休みに入る先生と聞き取っている管理職との関係性で，言いたくない場合があるので，言葉通り受け取ってよいかに注意が必要です。

　また，学級状態や保護者との関係で苦しんでお休みに入る場合も，「管理職が守ってくれなかった」「適切な対策を講じてくれなかった」という思いを抱えている場合があります。そういう場合も「特にありません」と言うことがあります。

　さらには，職場でのハラスメントでお休みに入る可能性にも要注意です。本人にもプライドがあるので，具体的な内容をはっきり言わないことがあります。また，ハラスメントは受け手の感覚なので，加害の職員が自覚していない場合があります。お休みに入る先生には，ハラスメントを感じるようなことはないか，確認する必要があります。難しいのは，精神的な疾患を発症していると，実際の規模よりも大きくハラスメントに感じてしまうことがあったり，聞き取りの中でハラスメントの話が出てこないで，病院の診察室で初めて出てきたりすることです。

　お休みに入る先生と聞き取る管理職の性別が異なる場合，本人の了解を得

2章｜学校経営と学校運営のこと　　37

て同性の職員に同席してもらったり，その職員だけに話したりしてもらうなどの配慮が必要になる場合があります。

代わりの先生を見つける

　長期の休暇を埋めるためには，臨時的任用の講師を入れる必要があります。そのような人事的な相談や服務関係の確認のために，教育委員会へ連絡します。教育委員会の人事を担当する部署に，療養休暇を担当する管理主事がいますので，その職員と連絡を取り合います。手続きの進め方は自治体によって異なりますので，担当する管理主事に相談しながら進めましょう。

　現在（2024年），臨時的任用の講師が不足しています。ご承知の通り，教員採用試験の受験者が少ないために，臨時的任用講師を賄う不合格者が少ないためです。それでも，学級担任の穴を埋めなくてはいけないので，いろいろな方法を考えていきます。

　一番よく使われる方法は，教務主任や専科教員を学級担任に充てることです。この方法のメリットは，校内事情をよく知っているので当該クラスの引継ぎを行えばすぐに働けるということです。しかし，それらの職員が元々もっていた仕事があるので，兼務させるのか，それともその仕事を他の職員に割り振るのかという問題があります。

　教務主任の兼務はよく採られる方法ですが，20学級を超える規模の学校だと本人の負担が過多になります。また，学校組織としても大きな痛手になり，教頭等がその一部を補助する必要があります。専科教員を充てる場合は，担当教科を学級担任に戻すことになるので，学級担任の空き時間が減り，学級事務を行う時間が減ってしまうので，その分，労働時間が長くなります。

　定年退職した先輩教員にお願いする方法もありますが，本人の健康等を理由に断られるケースが多いです。また，すでに初任者指導教員や，初任者研修で空いた学級の補充講師に就いていることが多く，期待はできません。

　市区町村によっては，学校に都道府県採用でない会計年度任用職員がいま

す。職種によっては教員免許をもつことが前提になっています。それらの職員に講師登録をしてもらって，学級担任に入ってもらう方法もあります。

　また，他校の育児休暇の代替講師や，療養休暇の代替講師の期間終了をねらう方法があります。育児休暇の代替講師の期間終了の多くは年度末なので望みは薄いですが，療養休暇の期間終了は年度内であることも多いので，**他校の療養休暇に入っている職員のお休みの期間の情報を得ることも有効**です。

　他にも，早期退職した教員にお願いする方法や，保護者にお願いする方法があります。**保護者は自分の子どもの学校に勤務するわけにはいかないので，他校の会計年度任用職員に採用し，その他校の会計年度任用職員を講師登録して療養休暇の代替に充てる「交換トレード」**をやったことがあります。

職員や子ども・保護者に伝える

　職員には職員会議や打ち合わせで，当該の先生が長期のお休みに入る内容を伝えます。代替講師が見つからず，校内で充当する場合は不安や不満が出ますが，ていねいに理解を求めるようにしましょう。その後，子どもには校長が発達段階に応じてお休みに入ることを伝えます。保護者には，以下の文例のような手紙を出します。

　「体調不良でお休みをしておりました２年□組担任□□□□の体調についてですが，症状が改善されていないことから，お休みの期間を延長いたします。つきましては，下記の通り対応して参りますので，ご理解くださいますよう，よろしくお願い申し上げます。１　予定期間　令和〇年〇月〇日（〇）から当面の期間　２　２年□組の指導体制　引き続き，教務主任の〇〇〇〇教諭を中心に，学校体制で指導にあたります」

・お休みに入る先生の体調を第一にしながら，ていねいに話を聞く。
・講師を見つけるために，他校の情報にアンテナを高くする。

2章｜学校経営と学校運営のこと　39

職員組織について

職員が退職することになったときの見送り方

　　長期でお休みをしていた2学年担任の□□先生。長期間の通院加療も実らず，ついに退職することになりました。さて，どのように動けばよいでしょうか。

身体的な疾患の場合

　身体的疾患で退職する場合は，主に年度末に早期退職という名目でなされることが多いです。他の職種に転職という名目になる場合もあります。いずれも本人が自分のプライバシーを守りたい，あるいは周りを心配させたくないという気持ちが働いているので，その思いを尊重しましょう。「体調が回復したら学校へ顔を見せに来て欲しい」とか，「元気になったら講師登録して，その力を是非本県の教育に……」とか，「新しい職場で是非元気に活躍して欲しい」，などという餞の言葉を贈ります。

　年度途中に退職する場合は，病状が思わしくなく，生命の危機が迫っている場合が多いです。在任中に亡くなる場合もあります。そういう場合は，同僚職員のショックが大きいので，管理職は職員の慰撫に努める必要があります。管理職自身もショックを受けるのが当然なので，**自分自身もショックを受けたことを自他共に正直に認め，そのショックを職員みんなで受けとめていこう，と表明すること**が大切です。また，**代替講師の任用が休暇や休職の補助から欠員の補助に変わるので，手続きについても確認**をしましょう。

精神的な疾患の場合

精神的な疾患の場合も，他の疾患と同様に**退職願を書いてもらう必要があります。決まったフォーマットがあり，間違うとまた学校へ来なければいけなくなるので，校内で書いてもらう方が無難**です。都道府県によっては全文手書きでなければならず，パソコンや手書きのコピーなどが不可の場合もあります。しかし，他の職員の目があるので，退職願を書く手続きは校長室等で行うようにします。

荷物の整理は，自分自身で行う場合がほとんどですが，家族が同伴する場合もあります。病状によっては本人ができずに，学年職員や親しい職員が行うこともあります。本人が荷物の整理を行う場合は，一人にせず，家族が同伴した場合は家族が，そうでない場合は親しい職員が，あるいは管理職（できれば同性）が付き添うようにした方がよいです。発作的な行動や症状の急変に対応するためです。

気をつけなければならないのは，個人情報についてです。**荷物の中に子どもの名前が入ったプリントや作品については，校外に持ち出さないようにします。過去の子どもの画像や動画についても，極力，校内で管理または処分させる**ようにしましょう。指導計画簿（俗に言う「週案」）も自治体によっては校内保管なのですが，特に指定のない自治体においても，個人情報が含まれているので，忘れずに管理職が回収するようにします。疾患の種類に関わらず，年度末に異動する職員にもあてはまることなのですが，年度途中の退職はイレギュラーな上，腫れ物に触るような感じで関わることに躊躇する心理が働くため，管理職として基本的な留意点を落としがちです。

いよいよ学校を辞するときに，どのように見送るかについてですが，同じ

2章 ｜ 学校経営と学校運営のこと

学年の職員と親しい職員，そして管理職という最小限の範囲の職員で見送った方がよいです。途中で退職するというのは，本人にとっても不本意であり，挫折や失敗の範疇に入ることでしょう。したがって，全職員で見送るのは，本人にとってもいたたまれない気持ちになることが想像できます。ただし，学校規模にもよるので，全員で送っても10人程度の学校は，全員で送った方がよい場合もあります。本人と見送る職員の関係を考えて参加するかどうかを決めさせるとよいでしょう。

　また，残された先生たちにも気持ちの揺れが見られる場合がありますので，先生たちの表情や会話を通してその状態を把握し，管理職として（一人の同僚として）のコメントを述べたり，慰撫に努めたりしましょう。

　管理職としても「病気だから仕方がない」という気持ちと，「管理職としてもっとやってあげられることがあったのではないか」という気持ちの揺れが生じます。それは管理職ならば当然の感情です。「もっとやってあげられることがあったのではないか」という問いに対しては，あったともいえるし，なかったともいえるし，答えの出ない問いです。**必要以上に自分自身を責めたり，退職した職員に同情しすぎたりすることなく，残された職員や子どもたちのこれからに気持ちを切り替えていきましょう。**

懲戒処分の場合

　懲戒処分で退職する場合は，懲戒免職で本人の意思に関わらず年度途中で退職させられる場合と，諭旨免職や停職等の処分を受けた職員が自分の意思で年度途中または年度末に退職する場合があります。

　懲戒免職で退職する場合は，処分事案が発覚した後，すぐに勤務を外さなくてはならないので，学級担任等の場合，代替職員を充てなくてはなりません。それ以外にも，教育委員会の対応や，メディアへの対応，子どもへの対応，保護者への対応，電話でのクレーム対応など，多方面への対応が必要になります。外向けの情報発信は，統一した見解でなければならないので，窓

口は教頭または副校長が行います。

　メディアに載るような処分事案の場合，まったく関わりのない遠方から電話でクレームを寄せられる場合があります。学校の管理職だけで対応することは難しいので，教育委員会と相談をして対応することが求められます。また，必要に応じて臨時で校内組織をつくって対応する場合があります。

　本人の処分が決まったら，本人と相談をして今後について話し合います。懲戒免職になった場合においては，教職を去ることになりますが，生活をしていかなければならないので，何らかの職を斡旋する場合が多いです。不祥事を起こした職員が，他県でも同様の問題を起こすことが多いので，文科省の教員研修受講履歴記録システム「Plant」のような仕組みを活用して，不祥事を起こした職員の履歴を共有するようになるようです。少なくとも子どもに対する性犯罪については，いわゆる「日本版DBS」を含む「こども性暴力防止法」が成立したので，まもなく形になります。

　見送るのは管理職だけになります。荷物の運び出しも，他の職員がいない時間に管理職がひっそりと行うことになります。

子どもや保護者への通知

　子どもや保護者への通知は，代替職員の有無等によって対応が異なります。 休暇や休職を補充する代替職員が入っている場合，年度末の異動に含めて通知する方法が無難です。産休代替や育休代替，欠員代替の臨時的任用講師が年度途中で退職した場合は，年度末に通知しない場合もあります。一方，代替職員が入っていない場合の退職，または入っていても死去した場合は，すぐに通知しなくてはいけません。

- 精神的な疾患の場合は，家族と協力してリスクをケアする。
- 懲戒処分の場合は，教育委員会とよく相談して校内の体制を整える。

2章 ｜ 学校経営と学校運営のこと　　43

組織力について

職員の時間外労働時間を短くする方法

　　ある学校に着任すると，遅い時間なのに職員室で先生たちが仕事をし続けています。まるで今から職員会議が始まるかのようです。さて，どのように動けばよいでしょうか。

時間外労働の上限，月45時間は可能か

　時間外労働について，月45時間を上限とする法律が2019年から施行されています。自治体によっては，公務員の時間外労働の上限を45時間とする条例が令和６年４月に施行されました。

　この数字を具体的な状況に落とし込んでいきましょう。まず，月45時間ですから，１か月はだいたい４週あるので，１週間で11時間15分になります。さらに，１週間は５日間勤務があるので，１日あたりの時間外労働の上限の目安は２時間15分です。１日の正規の労働時間が７時間45分で，休憩時間が45分ですから，働き始めた時刻から10時間45分後が月45時間を上回らないための退勤時刻の目安になります。

　例えば，午前７時から働き始めた職員は午後５時45分，午前７時30分だと午後６時15分，午前８時だと午後６時45分，午前８時15分だと午後７時が目安の時刻になります。

　この具体的なスケジュールを見て，どう感じましたか。自校の実態が，①「そんなに働くことってあるの？」，②「まぁ，だいたいそんなものだろうな」，③「そんなスケジュールだと仕事が終わらないよ」，のどれにあてはま

るでしょうか。

　私の現在の学校だと③の「そんなスケジュールだと仕事が終わらないよ」という印象を受けますが，前任校では②の「まぁ，だいたいそんなものだろうな」でした。つまり，同一市でも学校間の格差がとても大きいといえます。前任校も学級数は27学級でそこそこ大きい学校でしたから，学校の規模はそれほど関係ないのかもしれません。

時間外労働の多寡は学年主任の力？

　経験年数が少ない教員は教材研究に時間がかかるので，長時間労働になる傾向があります。教材やノウハウのストックがないので，下手をするとゼロベースで準備をしなくてはならないからです。そういうときこそ，先輩の教員が教材や資料，指導方法の情報を提供して，経験年数の少ない教員が早く帰れるようにサポートしなくてはなりません。

　同じ学校でも学年によって時間外労働の時間に幅があります。もちろん，小学校の低学年は授業のコマ数が基本的に少ないので，放課後に時間を取ることができます。しかし，高学年は専科教員が担当する授業が多いので，空き時間が多くなります。残念ながらこの高学年の空き時間も自習監督に充てられたりすることがあるので，十分に確保できない場合もあります。

　時間外労働時間の少ない学年と，多い学年を観察していると，いくつかの特徴が見えてきます。まず，**時間外労働の少ない学年は教科の教材研究を分担しています**。例えば，学年分掌に基づいて指導計画や資料をシェアしているのです。ある先生は生活科を担当し，単元の流れや準備するもの，必要な資料を学年分用意していました。別の先生は体育を担当し，学習カードや1時間ずつの指導計画を学年分用意していました。もちろん，印刷したり，教材・教具をつくったりするときは，学年全員で協力して行います。つまり，**学年で役割を振って担当する個人の仕事と，全員で協力して進める作業が明確に区分**されていました。また，全員で行う学年会や作業が終わると，自分

2章｜学校経営と学校運営のこと　　45

の仕事をすることができ，それが終わるとおのおの退勤していました。

一方，時間外労働の多い学年の特徴を見ていきましょう。まず，1つの仕事をみんなでやっています。名目としては，みんなの意見を集めるということのようです。しかし，これでは時間がいくらあっても足りません。**担当を割り振ってたたき台をつくり，それぞれを持ち寄っていけばいい**のです。

教科についても，1つの単元を全員がバラバラに教材研究しています。時間外労働時間の短い学年が，学年分掌で担当を決めているのと違って，延べの教材研究時間は膨大になります。学年内の担当が提案したからといって，その通りにやらなくてもいいのです。それをたたき台にして，自分なりにアレンジすればよいのであって，すべてゼロベースで始めるから，無駄に時間がかかるのです。

また，全員でやる仕事と，個人でやる仕事の境目がないので，帰るタイミングが掴みづらく，学年職員が一斉に帰る事態に陥ります。この現象は，学年の仲が良いのではなく，学年内の仕事が効率よく分担されていないために，帰る時刻が一緒になってしまっているだけなのです。こういう現象を「お付き合い残業」と言います。

上述したような時間外労働時間の差は何かというと，学年主任の学年経営力の差です。限られた時間の中でいかに効率よく仕事を進めるか。管理職がいくら働き方改革の笛を吹いたところで，学年主任がその意識を持っていなければ何も変わりません。学校によっては，教材や資料をストックする，「カリキュラム管理室」という部屋を設けている学校もあります。しかし，学年主任がその資料室の活用方法を伝え，学年内のマネジメントを適切に行わなければ，古い資料がほこりをかぶって死蔵されるだけの部屋になります。

管理職はそれらの学年経営に注目して，効率の悪い仕事の進め方をしている主任には，他の学年や他校の好事例を紹介し，校務の効率化を進めます。

物理的な制限

　前項のように仕事の効率化を進めるのがベターなのですが，自分の仕事のスタイルを変えられない職員もいます。そういう場合には，物理的に制限をかけるしかない場合も正直あります。

　例えば，毎週水曜日を「ノー残業デー」にして，決まった時刻に施錠する方法や，それ以外の平日の一定時刻を超えて校務を行う場合には，管理職に終了時刻を申告して許可を得るなどの方法です。また，土日に仕事をする場合は管理職に在校時間を伝えて申告する方法や，そもそも学校に入る鍵を回収して，管理職以外が校内に入れないようにする方法があります。

　しかし，これらの方法は対処療法で，働き方改革を根本的に進めているわけではないので，管理職（特に教頭や副校長）が変わると，「鬼の居ぬ間に洗濯」のように元の働き方に戻ってしまうことが往々にしてあります。

自分の常識を疑う機会を与える

　子どものために私たちは働いていますが，「子どもたちのために」には終わりがありません。教師という仕事，学校という機能はたとえるとマラソンです。3月まで，あるいは定年まで，走り切らなくてはなりません。バランス感覚や，1人の人間としての人格的な豊かさを得る観点からも，先生方一人一人に自分の働き方の「常識」を見つめ直す機会をもたせたいものです。

ポイント

- 1日の残業時間が2時間15分に収まる働き方スケジュールをつくらせる。
- 学年主任に学年内のマネジメントを指導する。

2章｜学校経営と学校運営のこと　47

組織力について

組織に学校教育目標や学校経営方針を浸透させる方法

外部からいらした授業研究の講師が「この学校の教育目標を全員で言いましょう！せーの！」と言いましたが，管理職を含め，誰一人続けて言うことができませんでした。さて，どのように動けばよいでしょうか。

学校教育目標は4月に咲く徒花か

　私が指導主事としていろんな学校を回っても，冒頭のようなエピソードは枚挙に暇がありません。学校教育目標を先生たちが覚えていなくても，教育という営み自体が「知・徳・体」を育てるという方向性を持ったものですから，それほど大きくズレることはありません。しかし，組織として効果的に教育活動を行う上で，メンバーである先生たちが統一した目標や方針を共有できていないのはもったいない，残念な事態だと思います。

　学校教育目標や学校経営方針は，年度当初の職員会議で校長が発表します。年度当初の職員会議は，その他にも年間指導計画や始業式・入学式の計画，服務についての確認などの提案があって情報量が多く，特に異動者は頭の中がパンパンの状態になっています。

　すぐに何かをするわけではない抽象的な概念は，注意を向ける優先順位が低くなります。学校教育目標等が大事なものだとわかっていても，まずやらなくてはいけないタスクの中に埋没してしまうのです。**学校はとかく方法が目的化する傾向があります。それは何のためにやるのか，それによってどういう効果をねらうのか，がスッポリ抜けていることが多いです。**学校教育目

標や学校経営方針を先生たちが知らない，あまり意識していない事態は，学校における「方法の目的化」の最たるものといえます。

学校教育目標を具現化するイメージ

どの学校も学校教育目標は「知・徳・体」で構成され，「徳」を一番にするのか，「体」を一番にするのかくらいの違いです。学校経営方針は校長によって，年度によって，変化があります。

どんな学校経営方針を立てようとも，実際に学校で行われる活動が大きく変わることはありません。優先順位が変わったり，新しい取り組みが少し加わったりするくらいです。むしろ，公立学校においてはその程度の改善でなくてはいけないと思います。

なぜならば，2，3年で変わる校長によって，学校の方針がコロコロ変わることは，先生たちにとっても地域や保護者にとっても望ましいことではないからです。後任の校長が前任者の方針を引き継げずに混乱したり，事業を停止したりすることになり，期待した保護者や子どもが落胆して，挙句の果てに学校不信を抱いた，という事例も少なからずあります。これは後任者だけの責任でしょうか。

実際に学校教育目標を具現化するために，熱心な管理職はまず主幹教諭や研究主任などのミドルリーダーを集めて，全職員によるワークショップを開くように指示…と考えるかもしれません。その方法が一番王道であるとは思います。しかし，年度初めの忙しい中，ワークショップを行う時間を取るのは，多くの先生たちにとって負担が大きすぎます。

かといって前年度の末に行うと，異動してきた先生たちにとってはピンと来ないし，5月くらいにやっても，もう年度が始まって1か月も経っているので，今さら感は拭えません。

では，どうすればいいのか。それは，**今すでに行われている（これからも行うであろう）教育活動に価値づけを行う**，という考え方です。

2章 ｜ 学校経営と学校運営のこと　49

例えば，現任校の学校教育目標は「未来を拓く，たくましい児童の育成」で，学校経営方針は，「子どもたちの『自主・自律』を柱とした，『笑顔あふれる学校』づくり」です。

　「子どもたちの『自主・自律』」として，委員会活動や係活動，当番活動，学級活動に重点的に取り組む。「笑顔あふれる」学校のために，挨拶の指導，わかる授業，教育相談・生徒指導，道徳教育，魅力ある行事を行う…などがイメージされます。

　一人一人の先生が，「子どもの自主・自律」と，「笑顔あふれる」を念頭において，すべての教育活動を構成するよう，意識して取り組むことで，学校経営方針が共有され，学校教育目標の具現化に近づいていきます。

目標や方針を意識し続けてもらうために

　学校教育目標や学校経営方針が4月の職員会議だけの徒花（あだばな）にならないためには，先生たちの心の中に1年中咲き続けなければなりません。そのためには，**繰り返し言う，というのが，アナログで何のひねりもないのですが有効な方法**です。

　繰り返し言うという方法は，心理学的にも効果が謳われています。映画「ビリギャル」で有名な塾経営者の坪田信貴さんによると，言ってわかるまでには平均532回の繰り返しが必要だそうです。

　子どもが通っていた塾の教育理念は「独立自尊の社会・世界に貢献する人財を育成する」でしたが，保護者会の冒頭にいつも紹介されていたので，社員でもないのに覚えてしまいました。また，落語家の林家木久扇さんが言っていたのですが，「ギャグを流行らせるためには，やり続けなくてはいけない。自分が飽きてはダメ」とのことです。子どもたちが，思わず口に出してしまう流行り言葉のよう

に，「上の句」を言うと自然に「下の句」が出てくるように，学校教育目標や学校経営方針が先生たちの会話の中で飛び交うようにさせていきたいものです。

校長をはじめとする管理職が，ことあるたびに学校教育目標や学校経営方針を発言する，資料に印字する，など，管理職が飽きずに目標をアナウンスし続けることが有効です。考えてみれば，自分が学級担任のとき，子どもたちにいつも4つのルールを伝えていました。「①人の話をよく聞く，②人を傷つける言い方をしない，③人を責めない，④解決を目指す」これは，クラス会議のルールなのですが，毎週，全員で言ってから会議を始めていたのもあって，教え子たちはみんな覚えています。

リーダー自身が大切に思っていること，価値，熱量を伝え続けることが，リーダーとしての覚悟や矜持にもつながるのかもしれません。

浸透のさせ方番外編

この原稿を書いている令和6年4月初旬に，校内で転入職員を歓迎する昼食会が行われました。その中の余興で学年対抗のクイズ大会があり，こんな問題がありました。「本校の学校経営方針をお答えください。『子どもたちの〇〇・〇〇を柱とした，〇〇〇〇〇〇〇づくり』」

担外を含む7学年中，5学年がホワイトボードに正解を書きました。校長が立ち上がって，間違った学年を見回す仕草で大笑い……。正答率の高さもさることながら，子どもではありませんが，遊び感覚で浸透させるのも面白いなと思いました。企画した教務主任のセンスの良さが光ります。

> ### ポイント
>
> ・すでに行われている教育活動を価値づける・優先順位をつける。
> ・管理職が飽きずにアナウンスし続ける。

2章 | 学校経営と学校運営のこと 51

組織力について

職員室の空気をポジティブに
変えていく方法

異動してきて職員室を見回すと，どことなく雰囲気が悪くて暗い感じ。中には出勤してきたときと，退勤するときしか職員室に立ち寄らない先生もいるようです。さて，どのように動けばよいでしょうか。

雰囲気の良い職員室は何が違うか

あるカウンセリングを専門とする著名な大学教授が，職員室の雰囲気は教頭・副校長がつくっていると言いました。キャラクターがどことなく中性的な教頭が，職員室のいろいろな先生に声をかけて（いじって）いく様子を，寸劇調に再現しながら話をされていました。

確かに雰囲気の良い職員室で，そういう教頭先生がいらしたのでしょう。しかし，じゃあ，同じような振る舞いをすれば職員室の雰囲気が明るくなるか，というとそういうわけでもありません。やらないよりはいいけれども，やったからといって職員室が明るくなるわけではないと思います。

私が管理職になって何校か回って気づいたのは，**雰囲気の良い職員室はベテランや主任の先生の表情が明るい**，ということです。考えてみれば当たり前で，職員室において影響力の大きい先生が醸し出す雰囲気は絶大です。もちろん，管理職も影響力が大きいので，朗らかであるべきなのは当然ですが，教員組織は管理職以上にベテランの先生たちが影響力をもっていたりすることが多くあります。

そのような影響力の強い職員が，ポジティブなオーラを放っているか，そ

れとも負のオーラを放っているかで職員室の空気は大きく変わります。学級担任だったときをふり返っても，クラスの影響力が強い子が教室の空気を左右することがあったと思います。それのサイズを大きくして，ややこしくすると職員室の状況にあてはまると思います。

　自信のある管理職は，そのような空気を左右する職員からイニシアティブを奪って，自分で空気をつくる人もいます。しかし，私のような気の小さい管理職は，無理に綱引きを挑むと却ってこじれることが多いです。ですから，**自分のキャラクターを考慮して，戦略を立てていくことが賢明**です。

距離感と子ども心

　職員室の雰囲気を明るくするために，先生たちにおもねるような人もいますが，これは学級で子どもに迎合する教師みたいにいずれバカにされます。管理職としての「光栄ある孤立」や「孤独感」に耐えなくてはなりません。かといって，先生たちとの距離感が遠すぎても，「何を考えているのかわからない管理職」として先生たちの目に映ってしまうので，距離感が大事です。

　大切なのは，いろんな性質や性格，能力の先生たち一人一人が，「自分は管理職から大切にされているな」と感じてもらうことが基本です。具体的にどういう行動をすればよいか，の前に，心の中でウソでも大切に思ってみてください。特に，イマイチ相性が合わない職員に対して，「この先生のお陰で学校が回っているんだなぁ。ありがたいなぁ」と思ってください。実際には迷惑ばかりかけられて，対応に苦慮している場合であってもです。不思議とその職員との関係性が改善され，その先生が変わることがあります。これは臨床心理学の一種，解決志向アプローチの技法の１つで，「プリテンド・ミラクル・ハプンド」に基づいています。

　先生たち一人一人との関係を構築してから，管理職としての願いである，職員室の空気をポジティブにしたい，に協力してもらうイメージです。先生たちとの距離を縮めるには，自分を開くことです。そして，同じように先生

2章｜学校経営と学校運営のこと　53

たちに自分を開いてもらうことです。そのやり取りを通して，先生たちの大事にしている物，大事にしている考え，先生たちの人間性そのものに対してリスペクトをすることで少しずつ関係性が構築されます。

職員室の空気をポジティブにしていくには，職員室で起こった小さなポジティブを見つけてフィードバックすることが基本です。〇年生の作った掲示物がかわいいとか，3年目の先生が初任の先生に教材研究のアドバイスをしていたとか，〇〇先生の机はいつも整理整頓されているとか，です。

明るい雰囲気にするには，冗談を言うことだ，という人もいます。確かに気の利いた冗談を言えるに越したことはないのですが，私はその自信がありません。しかし，冗談を言ったわけでもないのに，ふふっと笑えてしまうことがあります。笑いは「緊張の緩和」で起こるという落語家，桂枝雀さん（故人）の説もあるので，先生たちの緊張を緩めるようなほんわかした言葉かけが有効です。

そこで**ヒントになる考えが，心理学の一派である交流分析理論**です。その説によると，人間の心の働きは「親（P），大人（A），子ども（C）」の3つに分かれます。詳しい話は省略しますが，その中の「子ども（C）」の心はさらに「適応的な子ども（AC）」と「自由な子ども（FC）」に分かれます。この「自由な子ども」（FC：Free Child）の働きを適度に発揮すると，周りの雰囲気が明るくなります。「自由な子ども」の心は，いたずらっぽく，のびのびとしていて，好奇心にあふれている心です。子どもがいると，場が和んだり，楽しい雰囲気になったりするのは，「FC」を発揮しているからです。

例えば，職員室を見回すと運動会の時期に，騎馬戦のカブトが置いてあったとします。そういうときは，担当者に断ってとりあえず被ってみましょう。小学校には大谷翔平選手からグローブが寄贈されましたが，左手だけでなく，右手にもはめてみましょう。常識とか

慣例とは別の次元で，個人の興味・関心を働かせた行動や思考がFCに基づく行動といえます。そういう行動や思考に個人としての人間性が垣間見れて，他の先生たちから見た管理職に対する理解が進むばかりでなく，職員室の空気がほぐれていきます。

やる気のある職員室の空気を作る

　先生たちは子どもを楽しませたり，喜ばせたりするのが好きです。昨今は世代交代が進んで若い先生たちが多いので，「面倒くさい」よりも「楽しませたい・喜ばせたい」の方が勝っている気がします。見ていると，学級や学年の行事でその気持ちを実現させようとする先生もいますが，授業を通して実現させたいと思っている先生もいます。

　どちらの方向性でもよいのですが，そのような先生たちの気持ちを後押ししたり，資料や機会を紹介したりすることが管理職として大切です。しかし，**気持ちはあっても経験と見通しが足りないので，リスクに対するケアが恐ろしいほどできていません。**管理職としてはリスクマネジメントが第一ですから，先生たちのやる気に水を差してしまうようなことも多々あります。

　校庭で○○というイベントをしたい，○年生の登山を復活させたい，お楽しみ会で○○（食べ物）をつくらせたい，授業を自由進度学習や『学び合い』にしたい等々……。ていねいに説明をして計画を撤回させたり，変更させたりする必要があり，その過程でへそを曲げてしまう先生もいるのですが，管理職として譲れない一線が当然あります。その場合でも，その**リスキーな企画の背景には子どもに対する，その先生なりの思いがあることを十分斟酌して，ポジティブなフィードバックを欠かさないことが大切**です。

- 一人一人の先生たちと関係を構築する。
- 管理職が自分の中の「子ども心」を働かせる。

校務分掌について

初めての分掌の任せ方

　中堅の○○先生に今年度，研究主任をお願いしました。本人はとても緊張していて，「私に務まるのでしょうか？」などと弱音を吐いています。管理職として，どのように動けばよいでしょうか。

前年度の資料はバイブル

　私が研究主任を拝命した2008年，前年度の資料は分厚いドッジファイルに綴じられていました。もちろん，データになっているものもありましたが，「一太郎」でつくられているものが多く，Word を使っていた私にとっては，変換して読み込んだら成形に時間がかかるし，諦めて一太郎を使おうにも使い慣れていないのでやたら時間がかかる，という無限ループでした。

　近年は，職員室サーバーにデータが年度ごと，フォルダの中に保存されており，そのデータは Word または Excel でつくられていて，昨年度はおろか数年前までさかのぼって資料を閲覧することができます。ですから，変な話，前例踏襲をするのであれば，前年度の数字を直すことで，今年度の資料は秒で完成することになります。

　働き方改革という観点からすれば，素晴らしい方法といえます。しかし，前年度の仕事の質が高くて，それを継承するだけで事足りるならいざ知らず，多くの場合，そうなるに至った経緯や目的，留意点などが抜け落ち，劣化コピーを繰り返しているだけの資料も多くあります。

　また，紙媒体で綴じていたときは，「○月○日までに依頼文書を出す」と

か，「指導案は○日前までに○部提出」など，前担当者のありがたい書き込みや付箋がついていて，私自身，何度も救われていました。一方，データ保管だと，説明のデータを残したり，Word のコメント機能を使ったりする必要があるものの，あまり普及していません。ファイルの名前に日付を入れないと，作成や提出の時系列が掴みにくいという特徴もあります。

紙媒体による保管とデータによる保管には一長一短がありますが，新しい担当にとっては，前年度の資料はまさにバイブルといえます。前年度の資料を読み込んで，今年度に備えるよう担当職員に声をかけていきます。

1年間のフローを掴ませる

前年度の資料を基にしてまず取り組ませるのは，1年間のざっくりとしたフローを掴ませることです。1学期，2学期，3学期または前期・後期の何月にどういう動きがあるのか，それを進めるにはどのくらいの時間が必要なのか，についてです。近年は『スクールプランニングノート』（学事出版）のような多機能手帳や，市区町村の校務支援システムの機能を使って，任された分掌のスケジュールを管理している教員が多いです。

それらの手帳に，任された分掌の行事を記入させると，1年間の見通しを立てることができます。新しい分掌はイメージが湧かないので，担当者は必要以上に恐れを抱いたり，逆に，のんびりした担当者だとこちらから声をかけないと何も手を付けていなかったりします。

不思議なもので，**1年間のフローを把握させると，不安が強かった担当も概要が掴めるので少し安心します。**のんびりした担当者は逆に「こんなにやることがあるんですね～」と，適度な緊張感をもつことができます。

ですから，新しく担当することになった校務分掌で，特に重めの分掌を担当することになった職員には，1年間のフローを掴ませる作業を指示することが有効なのです。

2章 ｜ 学校経営と学校運営のこと　57

とにかく相談に来させる

　学校としての判断が細かく必要になる分掌や，専門性が高い分掌は，担当だけで進めることができません。都度，管理職に伺いを立てて，方向性を決定する必要があります。

　特に新しい分掌を，**教職経験年数が少ない教員が担当する場合，管理職の判断が必要になるものを理解していない場合があります。ですから，初めのうちは「とにかく聞きにおいで」と指示を出します。**前担当者が校内にいて，聞くことができればスムーズに仕事を進めることができますが，前担当者が前年のことを覚えていなかったり，そもそも前担当者も理解していなかったりすることがあるので，管理職に遠慮なく聞きに来るようにさせます。

　研究主任のように専門性が高い分掌については，管理職に相談されても答えられない場合があります。そういう場合には，教育委員会の指導主事や，その筋の専門家とつなげるようにします。

　とはいえ，管理職が専門的な質問にあまり答えられないのも考えものです。自分の専門教科ではないにしても，授業を行ってきたわけですから，専門的な見地に立って必要な助言を行えるようにします。そのためには，**文献や公開研究会などで管理職自身が学ぶ必要**があります。

　見落としがちな点として，相談させる上で意外と大切なのは，管理職自身のオーラだったりします。先生たちは管理職に気を遣うので，忙しそうな様子や険しい表情をしていると近寄ってきません。なるべく**パソコンの画面より上に顔を上げて，先生たちの方を見ながらニコニコする**ようにしましょう。併せて，相談に来たそうなそぶりをしている先生が視界に入ったら，こちらから声をかけるように

しましょう。

勇気づけをする

　新しい分掌はとかく自信がないものです。小さなことでも「できたね」と「勇気づけ」をします。ほめる，ではなくて，「勇気づけ」です。**できたことの評価をするのではなくて，できたこと自体を認める，が「勇気づけ」です。**相手は大人ですし，小さい仕事だとほめるほどのことではない，むしろバカにされたような感じすら受けることがあります。

　ですから，「着々と準備が進んでいるね」とか，「この間の〇〇先生の指導を生かしたんだね」とか，「先生たちに声をかけて協力してもらったんだね」とか，「だんだん成果が表れてきたね」などと，先生たちの背中をそっと押していきます。

　解決志向アプローチという心理技法に，「Do more（それをもっとやろう！）」という概念があります。日本語にすると，「いいぞ！その調子！」ということです。今うまくやれていることを，もっとやる，繰り返す，というのが，次の成功を生みます。また，「成功の責任追及」という概念があり，「どうしてうまくいったの？」「どうしてそのアイデアに気づいたの？」という質問をすると，質問をされた人は自分自身の有能感に気づき，新しい挑戦をするようになります。

　誰しも初めてやることは自信がなく，ビクビクしているものです。前担当者がベテランで有能な人だったりすると，「自分なんか……」と卑下してしまうものです。ですから，管理職は新しい担当者と，できたことを一つ一つ一緒に数えていくような心持ちが必要なのです。

ポイント

・1年間のスケジュールを確認させる。

・できたことを「勇気づけ」する。

2章｜学校経営と学校運営のこと　　59

校務分掌について

任せた分掌が停滞しているときの対処法

□□先生に今年度，研究主任をお願いしたのですが，校内の研究が前に進みません。各学年の取り組みもバラバラで研究授業の回数を重ねても成果が出ません。管理職として，どのように動けばよいでしょうか。

現状認識を確認する

　任せた仕事が期待通りにいかないことは，校務分掌に限らず職場のいろいろな場面で見られる光景です。民間企業ではありませんから，一度発令した校務分掌は余程のことがない限り交代することはありません。特に，教務主任，研究主任，学年主任，生徒指導主任，体育主任，特活主任などは，本人がお休みに入る以外は３月まで務め上げるのが通例です。そうではないのに，年度途中で交代してしまうのは，本人の今後に重大な傷を残すことになるばかりか，その分掌を命じた管理職の責任が問われます。ですから，**一度決めた校務分掌は，何が何でも３月まで務めさせなければならない**のです。

　では，何から手を付けていけばよいかについて考えていきましょう。まず行わなければいけないのは，当該分掌の職員が現状をどのように捉えているか，を確かめることです。聞き方としては，「先生が担当している○○（分掌）なんだけど，調子はどうですか？」と聞きます。

　「そうですね～，まぁ，ボチボチですね～」と答えたら，「『ボチボチ』というとどんな感じですか？」とさらに質問をしてみましょう。「まぁ，可もなく不可もなく……ですかね」という返事が返ってきたら，「じゃあ，でき

ているところはどこですか？そして，できて
いないところはどこですか？」と聞きます。
停滞している分掌は，その質問に対する答え
の内容がとても薄いことがわかると思います。

　つまり，**分掌がなぜ停滞しているのかの理由の１つとして，その分掌で行わなければならない仕事の全体像が掴めていない**ことが挙げられます。試しに，「○○という仕事も，あなたの○○という分掌に含まれるんだよ」と伝えると，目を丸くして「え～前任の○○先生から引き継いだときに，そんな話は聞きませんでした。それってマストですか？」と返答されることがあります。「じゃあ，逆に，○○という分掌の仕事内容ってなぁに？」とたずねると，ほとんど内容のない仕事内容が報告されます。

仕事内容を確認する

　つまり，**任せた分掌が停滞しているのではなく，そもそもやらなくてはいけない仕事として認識されていない場合がある**のです。そういう場合には，「○○という分掌で行わなくてはいけない仕事は，○○で～」と一つ一つ確認する必要があります。

　そのように介入すると，たいていは「自分が行わなければいけない仕事」が明確になるので，今までは行われていなかった仕事が実施されるようになって分掌が活性化します。しかし，前の項の会話で紹介したように，「そんな仕事は前任から聞いていません」とか，「そんなことは今までの学校でやったことがありません」とか，「さらに忙しくさせて，働き方改革を逆行させるつもりですか？」といった反応がないわけではありません。

　「もちろん，すべてできないかもしれないけど，少なくとも○○はやっていただきたいです」のように，やれていない仕事の中から，これだけはやっ

てもらいたい，という仕事内容だけを選んで指示することが考えられます。また，「（やれていない仕事を列挙して）この中から１つ，やれそうな仕事はありますか？」と選ばせるやり方があります。その方が「やらされ感」が軽減できるという利点があります。

そして，やれていなかった仕事が実施されるようになったら，すかさず「勇気づけ」を行います。「○○を行っていますね。どうですか？」とたずねます。「やってみましたが，そんなに大変じゃないです」という反応もあれば，「仕事が増えて忙しくなりました。最悪です」という反応もあります。

いずれの場合も，**個人の負担感をアセスメントして，過重な場合は複数の職員で分担したり，やり方を工夫させたりして，継続できるよう管理していきます。**そして何よりも，その仕事をすることによって，子どもたちにどういう効果があるのか，その仕事を行ったことによって，学校としてどのように役に立っているか，価値を伝えることが重要です。

わかっているけどやらない場合

今まではやれていたのに，ピタッと停滞する場合があります。例えば，研究指定を受けていて，その発表の場である公開研究会を終えた後に，燃え尽きてしまった場合などが考えられます。他にも，前任校でバリバリやっていたけれど，「疲れたから，異動した先では前の学校ほどがんばりたくないな」という方もいます。そうすると，前任校での評判をその学校の校長から聞いていて期待したのに，思ったような働きをしてもらえないので，どうしたことだろうと思うようなケースがそれにあてはまります。

いずれの場合であっても，**まずは前年度まで尽力してくれたことに対して，労いと感謝の気持ちをもつことが大切**です。このような方々は，自分の分掌は何をしなくてはならないかについて，十分理解しています。そして，十分すぎるくらいやってきたので，今は低速で運転しているような感じなのです。しかし，管理職としてもう少しやって欲しい部分があるので，そこをお願い

するような感じです。

　そのような先生たちは，自分が今やれていないことを自覚しています。管理職が声をかけると，「そうなんですよね〜。いつ言われるのかな〜と思っていました」というような反応をされたことがあります。その方々のモチベーションを上げる方法として，若手や次の担当候補のメンターをお願いする方法があります。「○○を次の主任にしたいので，是非，育てるつもりでお願いしたいのですが……」すると，たいていの場合「わかりました」と言って，静かに笑うことが多いです。

次年度の校内人事に活かす

　あの手この手で停滞した分掌にテコ入れしたのに，ほとんど何も変わらないことが間々あります。重要な分掌だし，期待した職員だったのに……という残念な気持ちが湧いてきます。しかし，私たちは学校組織として，一定の成果を出さなくてはいけません。その職員を成長させることも大切ですが，学校としての責任を果たさなくてはなりません。

　ですから，残念ながら次年度の校内人事で別の職員に交代することも当然，選択肢としてはあります。その際には，**当該職員がやる気を失わないように，そこそこ重要な分掌を任せられたら任せ，今年度の課題とこれから付けなければいけない資質能力について，明確にフィードバックする必要**があります。

　管理職としてあまり気持ちのよい仕事ではありませんが，学校を預かる責任者として心を鬼にしなくてはいけない場面です。

ポイント

- ・当該分掌が担う仕事の範囲を確認させる。
- ・学校が求めるレベルを明確に伝える。

2章｜学校経営と学校運営のこと　63

Column

パワハラ・セクハラの訴えがあったら？

　パワハラやセクハラは，古くて新しい職場問題です。昔からある困った事態でしたが，セクハラは男女雇用機会均等法で，パワハラは改正労働施策総合推進法で法的に定義されたことを受けて，各都道府県の懲戒基準に含まれることになりました。

　被害の訴えがあった場合には，まずはじっくり話を聞いて，いつ，どこで，誰が，何をしたか，の事実を確認し，どういう被害があったのか，どう感じたのか，誰かに相談したのか，どのような対処行動を取ったのか，対処行動は効果があったのか，を記録していきます。

　セクハラやパワハラは対象が1人の場合と，複数の場合があり，行使される期間についても，一時的な場合と，継続的な場合があります。いずれのハラスメントも1人を対象に継続的に行われる場合が一番被害は大きくなるので，そのような状況が把握された場合には早急に対応する必要があります。

　また，セクハラというよりも，付きまといのように，教員個人の生活領域に近づいてきたり，一方的な恋愛感情を強くもっていたりする場合があり，一筋縄ではいかないことがあります。こういう場合，管理職からの指導によって，恋愛感情が憎悪に変わり，陰に陽に嫌がらせをする可能性があるので，加害教員への指導の仕方を配慮し，指導後の被害教員への報復の阻止についても注意を払う必要があります。

　被害教員を守る観点から，本人の異動希望に応じるとともに，教育委員会への情報提供を必ずしましょう。

　パワハラはその人の抜けない習慣みたいになっていることがあります。被害の訴えがあった場合には，加害教員が冷静なときを見つけて，繰り返し指導をする必要があります。

3章

いろいろな子どものこと

~管理職は全クラスの担任~

指導が困難な学級について

あやしい兆候の掴み方と，
最初の対応方法

　ここのところ，保護者に電話をする姿が複数回見られる○○先生。子ども同士のケガのトラブルで，保健室に連れていく回数も増えています。さて，どのように動けばよいでしょうか。

校内巡視で何を見るか

　児童数1000人を超える大規模校に勤めていると，1つの学級に対する見回りの時間が少なくなります。その他にもたくさんの業務があるので，教室を回る時間が取れない日もあります。したがって，回れるとき，短時間で効果的な校内巡視を行う必要があります。たくさんの学級を見てきた経験から，あやしい兆候が表れるポイントをいくつか紹介したいと思います。

　まず，**教室の床に物が落ちていないか，というポイント**です。プリントや体育の帽子，鉛筆や定規，酷いときにはランドセルが落ちています。こういう教室には，管理職が必ず入ってあるべき状態をつくります。そのときに，担任が「あ，（管理職の職名）先生，申し訳ありません。ほら，○○さん，あなたの物でしょう」という反応を示している教師は，まだ改善の余地があります。

　一方で，**管理職が物を拾っていても一瞥を向けただけで反応せず，淡々と授業を続けている教師がいます。このような教師は後から指導する必要があります**。床に物が落ちていることに気づいていないばかりか，床に物が落ちていることの問題点を理解してないからです。

66

2つ目のポイントは，子どもたちの姿勢です。子どもたちは話を全身で聞きます。高名な教師によると，子どもたちの聞く姿勢は手に表れる，と言います。教師の話を聞いている子どもの姿勢で，教師の指導が届く距離を測ることができます。一般論として，後ろの席の子どもは教卓から一番遠いので，教師の指導（勢力）が届きにくい傾向があります。**一番後ろの子どもの話の聞き方で，教師の指導が届いているか否かがわかります。**その教師から物理的に遠い子どもの姿勢が崩れていたり，そもそも前の方の席の子どもの姿勢も崩れていたりすれば，教師の指導が子どもに届いていないことを表しています。

こういう教師には，子どもが静かになってから話を始めることと，子どもの目を見て（特に一番遠くの席の子を意識して）話をするように指導します。そうすると，指導した教師が「子どもが私の目を見てくれません」と反論してくることがあります。そういうときは，「子どもに目で話を聞く習慣をつけさせましょう」と助言します。そうすれば，目が合わなければ話を聞いていないことになるので，「先生と目を合わせて」とか，「目で話を聞こう」という指導を子どもたちにすることができます。

3つ目のポイントはケガや病気の状況です。保健室から情報を得て，授業中や休み時間のケガの数や種類，相手がいるかどうか，ケガが起きたときの状況を把握します。落ち着かないクラスは，子ども同士のケガや，室内での追いかけっこなどで，ちょこちょこしたケガが多くなる特徴があります。また，「頭が痛い」「気持ちが悪い」「お腹が痛い」のような不定愁訴を理由に，教室から抜け出して保健室へ逃げてくる子も多くなります。

こういう兆候が出てきているときは，**教室が安全・安心な場になっていない可能性があるので，学年主任に伝えて当該学級の状況を把握させます。**また，相手のあるケガの場合，加害の児童がいつも同じというのも要注意です。保護者からの「また○○くんなんですか」「うちの子，いじめられているんじゃないですか？」「学校としての対応は？」という反応につながります。

3章｜いろいろな子どものこと　67

危険なクラスの担任がリスクを低く見積るわけ

あやしい兆候を当該の担任に伝えると，いくつかの特徴的な反応があります。①「あ，わかりました気をつけます」と言って，修正してくる教師。②「あ，わかりました気をつけます」と言って，何も改善が見られない教師。③「あ，わかりました気をつけます」と言って，当該事象の改善だけでなく他の部分

についても改善する教師。④不服そうな表情で話を聞く教師（改善は見られない）。

多い反応は当然①なのですが，②も少なからずいます。②は④**「不服そうな表情で話を聞く教師」よりも改善に時間がかかる傾向があります。**④は言われることがストレスなので，改善をする動機付けが存在しますが，②は管理職からの指摘を受け流して，あたかも問題が存在していないかのように振舞うことができるので，管理職が何度言っても変わらない，状況が改善されない，という事態が続きます。そのうちにどんどん状況が悪化していきます。

なぜ②のような，いわゆる「面従腹背」の状況が生まれるかというと，①管理職が指摘している事象の問題点を低く見積っている，②管理職から指摘されることが不愉快である，③どうすれば改善できるのかがわからないが，自分が知らないことを隠したい，または教えてもらいたくない，という心理が働いているからです。

この①～③はどれか1つではなく，すべて含まれていたり，②＋③で①になったりしています。自分が傷つかないために，「この程度なら大丈夫，このクラスの子はもともと元気なのだ」という正常性バイアスが働いたり，「自分が悪いのではなく，その子の特性が原因だ」「保護者の育て方の問題だ」などという外部帰属化の心理が働いたりして，教師が事態の改善に主体

的になれずにいる場合も多いです。**特に，経験の浅い，年齢の若い先生ほど，無能と思われたくない，侮られたくない，という気持ちが強いので，できないのにできることを装う傾向が強い**です。やたらと根拠のない「大丈夫」を連呼して，自分から援助の手を振り払い，関わりを拒否する傾向があります。

若者の心理としてはわからなくはないのですが，**管理職としてはそのような「プライド」と，学校のリスクとを天秤にかけるわけにはいかないので，上手に介入していく必要**があります。

学級経営の理論を学ばせよう！

「鉄は熱いうちに打て」の言葉の通り，採用されてからの3年間でその後の教員人生が決まると言われています。ですから，初任者指導教員や管理職は気がついた点を指摘します。しかし，多くの場合，指摘された教員は指摘した内容を覚えきれていません。なぜならば，指摘した点や与えた技術が，当該の先生の頭の中で個々バラバラに存在しているからです。

なぜ，そのことが必要なのか，それぞれの知識を束ねる，核になる理論を学ばせなければなりません。私が参考にしている理論は，Q-U® を開発した河村茂雄先生の理論です。経験則だと，経験した教員の性格や能力に依存する部分が大きく，「それは○○先生だからできたのだ」と理解され，参考にしてくれないことがあります。経験則ではなく，心理学や教育学などの科学的な裏付けに基づいた考え方で様々な知識や技術を整理すると，指摘した点以外の部分についても，応用して考えたり，改善したりすることができます。前項で挙げた③の状態に持ってくることができるのです。単発の知識だけでなく，その知識の入れ物や幹となる理論を学ばせる機会を持たせましょう。

- 教室の様子からいち早く兆候を掴む。
- 先生たちのプライドを守りながら，上手に介入する。

3章 | いろいろな子どものこと

指導が困難な学級について

担任だけでなくチームで対応する方法

教室がだいぶ落ち着かなくなってきました。担任の制止もどこ吹く風，授業中に立ち歩く子，私語をやめない子，勝手にタブレットを出してゲームをやっている子……。さて，どのように動けばよいでしょうか。

ケース会議を開く

落ち着かないクラスはどの学校にもあって，教師の学級経営力が原因の場合もあれば，子どもの特質や性質に由来する場合もあります。もちろん，活動的な子どもが多く，いわゆる活気にあふれた教室というのもあるので，整然とした教室ではないからといって，すぐに荒れたクラスと評価しない方がよい場合もあります。

見極めるポイントは，教師が話しているときに黙って聞いているか，友達が発言しているときに静かに聞いているか，が最低限のラインになります。教師が注意したり，子どもたちに聞くように指導して，指名した子にもう一度発言させたりしてコミュニケーションが成立していれば，ギリギリ許容の範囲になりますが，それでも収まらない場合は介入の必要がある状態といえます。

そのようなコミュニケーションが成立しない学級は，学びの環境として整っていないからです。

落ち着かないクラスを改善するために，ケース会議を開くことをおススメします。会議のメンバーは，担任と学年主任，学年職員，教務主任，専科教

員，教頭または副校長，養護教諭，特別支援教育コーディネーターです。メンバーのスケジュールが合わなかったら，担任と学年主任と教頭等でも可です。学級担任から「ケース会議を開いてください」と要請されることは稀です。主に，学年主任と管理職で相談して開催を決めることになります。

　初回は，学級担任の困り感を聞き取ることが中心になります。しかし，学級担任は「ケース会議という事態」に怯えていて，自分自身の無力さや周りの職員への申し訳なさでいっぱいになっています。したがって，問題を過小評価したり，正常性バイアスを働かせたりして，「何でもありません」「大丈夫です」「ケース会議なんて時間の無駄です」「大げさにしないでください」という反応を示すことがあります。

　特に，若い先生ほど侮られたくない，無能だと思われたくない，というプライドをもつ傾向があります。ですから，「あなたのクラスが荒れているからケース会議を開くのだ」というニュアンスよりも，**「ちょっと心配な子がいるので，ケース会議を開かせて欲しい。協力してもらえないだろうか」**というようなスタンスで開催した方が，担任のモチベーションを保ったり，プライドを傷つける事態を回避したりするために有効です。

　つまり，「あなた（担任）が悪い」のではなく，「気になる子ども」の「気になる状態」を改善するために，みんなで作戦会議をしようよ，という認識で開催するようにします。

現状把握とゴールの設定をする

　落ち着かないクラスには，落ち着かない原因の核となる子どもがいます。これは本人に特性がある場合と，「スケープゴート」である場合があります。「スケープゴート」とは，落ち着かない学級状態に反応してしまい，不適切な行動を無意識に取ってしまう代表的な子どものことです。環境に反応しやすいという特性をもっているものの，その子自体に原因があるというよりは，落ち着かない環境に適応した行動として，不適切行動が行われています。

3章｜いろいろな子どものこと　　71

それにも関わらず，あべこべにその子が学級状態を悪くしている根源とされてしまうのです。したがって，本人には悪いことをしている自覚が当然ないので，注意されたり叱責されたりすると，不当だと感じたり，注意や叱責をする教師たちに恨みをもったりする傾向があります。

落ち着かない子が，特性を持っている子，「スケープゴート」の子であっても，落ち着かない子どもの１人として現状把握の要素に加えます。その他の困った子，困った事態を担任に挙げてもらい，それを紙に書き出します。その**現状把握を整理して，当該クラスの課題を明確にしていきます。養護教諭や専科教員などの情報を加えていくと，より多角的な情報**になります。

次に，３月にどういう状態にしたいかのゴールを設定します。**あまりに理想的なゴールは，担任を苦しめることになるので，そこそこ妥当なゴールにします。**状況をよく理解していない先生が，びっくりするくらい理想的なことを言う場合があるので，「そうなるといいよね〜」と軽くいなして，現実的なゴールを設定します。３月のゴールが決まったら，差し当たっての目標を立てます。例えば，「立ち歩く子どもをゼロにする」「私語は完全にゼロにできなくても，教師が指示をするときには黙って注目する」「授業中にトイレに行く場合は教師に断ってから行く」とかです。

それを実現するための手段やリソースとして，「子どもと約束を交わす機会をもつ」「担任だけでなく，学年主任も補助として入る」「管理職が足繁く見回る」「道徳の授業を学年で交換して実施する」など，**思いつくアイデアをブレーンストーミングしたうえで，いくつか決定**します。そして，最後に次のケース会議の日時（１週間後の同時刻を推奨）を決めて参会します。

アセスメントと効果測定

学級状態を担任目線，専科目線，管理職目線で把握すると，視点が違うのでいろいろな角度から情報を得ることができます。しかし，学級を見る立場によって見方が異なるため，作戦を立てるときの共通認識にずれが生じるこ

とがあります。また、観察によるアセスメントは、子どもの内面まで正確に把握することができません。さらに、教職経験5年未満と16年以上の先生は子どもの学級適応を有意に見誤る、という研究結果もあるので、観察だけでない精度の高いアセスメントツールを用いる必要があります。

それらの問題を解消し、**効果的な資料を得るために、心理検査として標準化されたアセスメントツールを活用すること**が有効です。代表的なアセスメントツールとして、河村茂雄先生が開発したQ-Uが有名です。自治体によっては、毎年定期的に実施していたり、公会計で購入できるようになっていたりします。

これらのツールの利点は、観察によって得られる情報に加えて、目に見えない情報を手に入れることができ、指導の優先順位をつけられる点です。ざっくり言うと、Q-Uでいえば、プロットの散らばりから学級状態を把握できますし、左下の「学級生活不満足群」にいる児童生徒に、介入の優先順位を高くする必要性がわかります。

ツールの使い方は学級状態を把握するだけでなく、介入した学級の効果測定として、1か月後に再度Q-Uを実施する方法がおススメです。なぜならば、介入の効果が行動のレベルで、つまり目に見える形で表れるまでに約3か月かかると言われていますが、内面の変化は1ヶ月で表れるので、それを把握するためには標準化した心理検査でないと測れないからです。

作戦は立てたものの、効果があったかなかったか、3ヶ月後を待つのではなく、Q-Uの結果を示して「お、確実に改善しているよ」と担任の先生の背中を押したいものです。

・ケース会議を開いてゴールと初めの一歩を明確にする。
・Q-Uなどの標準化されたアセスメントツールを活用する。

3章 | いろいろな子どものこと 73

指導が困難な学級について

３月まで何とかもってくるための方法

> 　ざわざわした教室は毎日トラブル続き。補助の先生が入ると多少は落ち着くのですが，担任の先生だけだと授業が成立しません。保護者からもクレームが毎日のように……。さてどのように動けばよいでしょうか。

毎年同じようなクラスに……

　管理職でなくても知っていることとして，毎年学級状態をあやしくしてしまう先生，というのがいます。「また，○○先生のクラス，落ち着かなくなってしまいましたね〜」とか，「なんか○○先生がもつと，女子のトラブルが増えるんだよなぁ」というのがあります。

　これは前の項で出てきたＱ−Ｕを使ってもわかるのですが，毎年子どもが異なっているはずなのに，なぜか毎年同じようなプロットの散らばりを示している先生というのがいます。

　なぜ，このような事態が起きるのでしょうか。それは，その先生がもつコミュニケーションのパターンが，子どもたちに対して同じようなリアクション（効果）を生むためだと思われます。

　例えば，表情の乏しい教師の場合，子どもは不安を抱きます。特に，年齢の低い子どもほど影響が大きく，トラブルが増えます。子どもは自分が発したコミュニケーション（非言語を含む）が，どのように受け入れられて，どのように返されるのかに敏感です。ですから，無表情な教師というのは，子どもの発したコミュニケーションに対して受容的に応答できないわけですか

ら，子どもの安心感を阻害するリスクを常に抱えているのです。

　今，例として教師の表情を取り上げましたが，教師の無数の反応の総体が，子どもから見た「教師像」を形成し，学級のコミュニケーションの基盤となります。つまり，**教師のコミュニケーション（応答）パターンは，教室の環境の基盤，もっと言えば環境そのもの**なのです。

　しかし，うまくいっている学級であれ，うまくいっていない学級であれ，そのような教師の行動様式は無自覚で行われます。ですから，うまくいっている教師は自然とうまくできているので，うまくいっている理由を見つけられず，一方，うまくいっていない教師はなぜうまくいっていないかを認識できないのです。たとえ管理職が，うまくいっていない学級の教師に，ネガティブな点を指摘してもピンと来ないのはそのためです。鼻を触ったり，前髪を直したりする「気づかない癖」を指摘しているようなものです。

内面は変わらない，行動を変える

　学級状態をあやしくしてしまうサイクルは，その先生の中でパターン化されています。2週間後に○○になり，1か月後に○○になり，学期末には○○になる……というようなパターンです。**このパターンを早めに予測して，先手を打ちます。**完全に防ぐことはできなくても，時間を遅らせることができます。

　原因は1つではなく，いろんな要素が学級状態の悪化に寄与しています。この状態を「円環的因果律」と言います。たとえて言うと，「風が吹くと桶屋が儲かる」仕組みです。教師の1つの応答が，あるマイナスの効果を生み，それが別の働きをし，どんどんマイナスの歯車が回っていきます。このマイナスのループを断ち切ることを，心理学で「パンクチュエーション（区切

り）」というのですが，これを学年主任や管理職が行う必要があるのです。

抽象的な話は担任には理解されません。なぜならば，無自覚で行われているからです。つまり，**内面に働きかけて変えるのではなく，行動を修正することによって，マイナスのループにバグを生じさせる**のです。

例えば，騒がしくなっているクラスに，「静かにしなさい！いつまでしゃべっているんだ！」といういつもの叱責に替えて，一瞬でも静まったら，「静かに聞いてくれてありがとう」「話せる状態をつくってくれてありがとう」と言ってみるなど，いつもと違うパターンや，やってみて効果があった方法に替えていくように助言します。

さきほどの無表情の教師には，子どもが話し終わったら，つくり笑顔でもいいからニコッとしてから発言する，などです。できそうなことから，行動のレベルで今までと違うことをしてもらうよう，教師に助言をします。そして，やってみた感想や変化について，必ずフィードバックしてもらうようにします。

口伝の世界

項目のタイトルに「口伝」と書きましたが，「くでん」と読みます。若い先生方，あるいは中堅，ベテランの先生も読めるかな，と心配しています。それはさておき，意味は伝統芸能の技術を師匠から弟子に口伝えで指導することです。

私たち教師の技術も，明治図書をはじめとする教育書を扱う会社が文字にしてくださっていますが，基本は口伝の世界なのではないかな，と考えています。採用された最初の年は，初任者指導教員がつきますが，2年目からは誰もつきません。まして，1年目は状況がよく飲み込めていない状態ですから，指導の内容の多くは消化不良です。

問題の多くは2年目から5年目に起きていて，上手ではない先生は毎年起きています。さらに，産育休の補助に入っている臨時講師をサポートする仕

組みは，財政的に豊かな自治体を除いてはほとんど学校に任されています。私の現任校のように40学級を超える大規模校ならいざ知らず，全体で10学級未満の学校では，若手同士の学び合いを行う機会が乏しい現状があります。そこで，それらの先生たちの学級に入り，「反省稽古」と「教材研究」を管理職が積極的に行う必要があると思います。

　先生たち同士で行うのも意味があるのですが，その学級を参観して教育技術としての課題を見つけ，指導するのは学級担任ではできません。管理職等が，参観した授業の課題と思われる場面を代わりに再現し，違う対応の仕方や指示の仕方を演じて見せることで，経験の浅い先生たちにイメージをもってもらうことができるのではないかと思います。

　言葉だけでは伝わらないので，ソーシャルスキル・トレーニングではありませんが，管理職等が模擬授業を行ったりして，指導技術を伝えていくことが有効です。

とにかく3月までもたせる

　そのように，あやしい学級のテコ入れをあれこれしたところで，なかなか改善されない場合もあります。そういうときは，教育委員会の担当部署に連絡して，指導主事等の派遣を依頼するのも一つの手です。これは，教育委員会と一緒に対応にあたっている，という対外的なアピールにもなるからです。

　その他にも，保護者説明会を開いたり，学年で交換授業をしたり，管理職が道徳をやったり，いろんな人がいろんな形で学級に関わっていくことが有効です。ただし，学校としてはその部分だけに注力すると，他の部分にしわ寄せが必ず来ますから，全体のバランスを考えて運営する必要があります。

ポイント

- 最悪のパターンをいち早く予測して手を打つ。
- 指導技術の改善は口伝で行う。

いじめの認知について

いじめ防対法を正しく理解する方法

　　週末に子ども同士で金銭が絡むトラブルがあり，保護者からいじめを
受けたとの訴えが学校に入りました。管理職は週末で校外の案件だから
家庭の責任，と突っぱねました。この判断は正しいのでしょうか。

悪法もまた法なり

　残念ながら，冒頭の管理職の判断は間違っています。詳しく事情を聞かな
くてはなりませんが，いじめである可能性が強いです。「いじめ防止対策推
進法」の第2条（定義）を見てみましょう。

　この法律において「いじめ」とは，児童等に対して，当該児童等が在籍す
る学校に在籍している等当該児童等と一定の人的関係にある他の児童等が行
う心理的又は物理的な影響を与える行為（インターネットを通じて行われる
ものを含む。）であって，当該行為の対象となった児童等が心身の苦痛を感
じているものをいう。（下線，筆者）

　続けて，同第3条（基本理念）を見てみましょう。

　いじめの防止等のための対策は，いじめが全ての児童等に関係する問題で
あることに鑑み，児童等が安心して学習その他の活動に取り組むことができ
るよう，学校の内外を問わずいじめが行われなくなるようにすることを旨と

して行われなければならない。（下線，筆者）

　上記の２つの条文を参照すると，学校の内外を問わず，同じ学校などで人間関係がある人から，心身の苦痛を感じるような行為を受けたら，すべていじめに当たる，ということになります。ですから，冒頭の事例も十分，いじめに該当すると考えて対応しなくてはいけません。
　しかも今回は金銭が絡むので，同第28条第１項第１号に該当する重大事態になる可能性すらあります。

　いじめにより当該学校に在籍する児童等の生命，心身又は財産に重大な被害が生じた疑いがあると認めるとき。（下線，筆者）

　重大事態が疑われる場合は，「当該学校の設置者又はその設置する学校の下に組織を設け，質問票の使用その他の適切な方法により当該重大事態に係る事実関係を明確にするための調査を行う」（同第28条第１項）必要があるので，学校としては「学校いじめ防止対策委員会」を招集し，質問紙調査を行うなどの詳細な調査や，組織的な対応を実施していく必要が出てきます。
　そしてその結果等を「当該地方公共団体の教育委員会を通じて，重大事態が発生した旨を，当該地方公共団体の長に報告しなければならない。」（同第30条）というように法律によって定義されています。
　教師としての今までの経験から，「そこまでする必要があるのか」とか，「被害を訴えてきた子どもや保護者の言いなりではないか」という感想を持つ先生も多くいることでしょう。しかし，法律がそうなっているのです。

学校の責務

　学校と学校の教職員がしなくてはいけないことが，同第８条に示されているので引用します。

3章｜いろいろな子どものこと　　79

学校及び学校の教職員は，基本理念にのっとり，当該学校に在籍する児童等の保護者，地域住民，児童相談所その他の関係者との連携を図りつつ，学校全体で<u>いじめの防止及び早期発見</u>に取り組むとともに，当該学校に在籍する児童等がいじめを受けていると思われるときは，<u>適切かつ迅速にこれに対処する責務を有する</u>。（下線，筆者）

　端的にいうと，未然防止と早期発見，早期解決，ということです。未然防止として，道徳科や学級活動などで，子どもたちの道徳性や人間関係形成能力を育んでいくことが求められます。
　早期発見として，日常の観察はもとより，1か月に1回程度行われるいじめアンケート，その結果に基づく教育相談などが行われていると思われます。**管理職としてそれらの取り組みが形骸化されることなく，効果的に実施されているか，適切に管理する必要**があります。
　しかし，前の項でも話題になった通り，いじめの定義が被害を訴える児童生徒の主観に基づいているため，件数的にはとてつもない数に上ります。中には「にらんでいるような気がする」「私にだけ冷たい」などという内容も含まれています。それがいじめにあたるのか不思議な気持ちになることもありますが，子どもの不全感や違和感であることには変わりがないので，話を聞いてていねいに対応するよう，先生たちに助言していきます。
　また，**早期解決を図る上で大切なのが，被害児童を守ること**です。児童の生命・心身・財産を守ることはもとより，秘密を守ることも忘れてはいけません。複数の教員で対応していると，その辺の温度差が生じることがあり，ポロっと加害児童生徒や加害児童生徒の保護者に情報が漏洩したり，直接的に関わっていない児童生徒に思わず話してしまったりして，間接的に情報が漏

洩したりするような事故も起きていて，問題がこじれる原因になっています。

また，**解決といえる状況は，心身の苦痛を感じなくなって３か月間経過することが１つの基準**になっています。被害児童を定期的に面接するなどして，継続的に見守っていくように指示をします。

専門家の力を借りる

法律をどのように解釈するか，は教師としての経験や実感とは別の次元にあります。むしろ，そのような**教師としての経験や実感，「学校の常識」によって判断を誤ってしまうことが往々にしてあります**。そのような事態を避けるために，どの自治体でも法曹家の力を借りています。本市においても，教育委員会に顧問弁護士がおり，法的な助言を受けることができます。

また，**自治体によっても法律の解釈と，それに基づく教育委員会としての方針や運営，対応が様々なので，難しい事案が発生した場合は躊躇なく，教育委員会に相談することが重要**です。特に，過去にいじめの事案でマスコミに取り上げられた自治体においては，他の自治体以上に対応が手厚くなっている傾向があり，**管理職が考えた対応では市の方針として十分でないケースがあります**。

さらに，学校の対応に不満をもった保護者が，学級担任や校長を民事訴訟で訴えるケースもあるので，**裁判保険に加入しておくことをおススメ**します。学校や教職員に過失があり，安全配慮義務違反等で賠償責任が生じた場合の多くは，国家賠償法に基づき，個人が支払う可能性は低いですが，裁判を進める上での弁護士費用等は個人が負担しなくてはならないので，裁判保険に入っておいた方が安心です。

- いじめ防対法の特徴を理解して，教師の経験による予断をもたない。
- 専門家や教育委員会に助言を求めて，適切に対処する。

3章｜いろいろな子どものこと　　81

いじめの認知について

子どもからの訴えがあったときの対処法

保健室に「気持ち悪い」と言って頻繁に来室する女子児童。養護教諭が詳しく話を聞いてみると，クラスでいじめに遭っていると訴えました。報告を受けた管理職はどのような指示をすればよいのでしょうか。

清水の舞台から飛び降りた子ども

子どもがいじめを直接教員に訴えることは，実はあまりありません。「令和4年度　児童生徒の問題行動・不登校等生徒指導上の諸課題に関する調査」（文科省）によると，約68万件のいじめの中で，子どもが訴えてきた割合は，公立小学校で17.3%，中学校で27.2%です。高等学校が31.3%なので，年齢が低いほど，教員が早期発見をしなければならないということが裏付けられます。

なぜ，本人からの訴えが少ないのかというと，訴えることによって自分がいじめの被害者であることを自分自身で認めるという辛さや，訴えることによって問題が顕在化することへの抵抗，訴えることによって起こる状況の変化，報復への恐れなど，子ども自身の内面の葛藤があるからです。

そのような葛藤を乗り越えて，**教員にいじめを訴えるというのは，いわば「清水の舞台から飛び降りる」ほどの勇気をもって行われた行為**ですから，訴えを受けた教員はそのような子どもの気持ちをしっかりと受けとめなければなりません。もちろん，子どもの勘違いかもしれませんし，他人の行動に敏感に反応してしまっているだけなのかもしれません。しかし，いじめ防対

法が，いじめ被害者の心身の苦痛を基準としていることを鑑みて，まずは事実がどうであるかよりも，本人の困り感や辛さに寄り添う対応が不可欠です。

慰めるつもりでも，「気のせいなんじゃないか」とか，「考えすぎだよ」や，「ああ見えてね，○○はきみのことが気になるんだよ」，「きみと遊びたいのかもしれないね」などという言葉は，本人から見て「わかってもらえない」「先生はいじめを隠蔽しようとしている」という認識になることが多いので，絶対にやめるよう先生たちに指導・助言する必要があります。

最初にする対応・言葉かけは，「よく話してくれたね。先生に話してくれてありがとう。今まで本当に辛かったね。先生だけでなく，たくさんの先生できみのことを守るから，安心して欲しい。詳しく話を聞かせてくれる？」という感じです。

若い先生ほど抱える

一般的に経験年数の多い教師は，組織で動くことが身に付いていますが，**経験の浅い教師や自分の力を過信している教師ほど，問題を1人で抱えがち**になります。他人の力を借りることを，自分の能力が低いことと同じに考えてしまうのです。「そんなのは担任である自分の力で解決できます。手を出さないでください」というオーラを出す人も少なくありません。

しかし，いじめ対応の難しさは，問題をどの視点から見るかで大きく対応が異なるので，**学級担任1人ではなく，学年や管理職とチームを組んで，様々な視点から正確に問題の本質を理解し，対応すること**を基本にしなくてはなりません。

例えば，いじめを訴えてきた児童の認知の歪み（被害妄想等）なのか，加

害児童の狡猾な隠蔽工作なのか，あるいは学級経営上の問題がいじめという形になって顕現しているということなのか，子ども同士のパワーバランスなのか，背後にいる保護者間の問題か，習い事や塾，受験などの校外の出来事が関係しているのか，等々。それらが複合的に絡んでいたり，原因と思っていた出来事がまったく無関係であったり，それこそ前述した円環的因果律に基づくので，**表面的な事柄だけで判断すると大きな間違いの元**になります。

だからこそ，**どんなに小さないじめも対応は組織的に行うことを基本**にすべきなのです。少なくとも，学年主任や管理職へ経過を報告させたり，判断を仰いだりさせなくてはなりません。

また，**1人で抱えさせないことの大事さの中に，不祥事防止の意味もあります**。特に学年が上の児童生徒の相談を受けているうちに，学級担任が逆転移と呼ばれる感情を掻き立てられ，「自分しかこの子を救えない」「どんなことをしてもこの子を守る」などといった，危険な心理状態になることがあります。さらには，子ども自身がBPD（境界性人格障害）の特性をもっていると，抱え込みがちな教員はすぐに巻き込まれてしまいます。夜中に車で迎えに行って個人的に相談に乗ってしまったり，保護者も同僚も知らないうちに校外で会ってしまっていたりするような不祥事が起きてしまうので，管理職はそのようなリスクについてもアンテナを高くしなければなりません。

ていねいに聴く

子ども本人からいじめの訴えがあった場合は，訴えを受けた教員が最初の話を聴くわけですが，**最初に全部漏らさずに聴こうとするのではなく，困り感や辛さに寄り添う聴き方をします。一通り聞いたうえで，本人の願いを聴くようにします。**

1．話を聴いて事柄を知っておくだけでよいのか，2．加害児童生徒に指導して欲しいのか，3．加害児童生徒と話し合いをもちたいので立ち会って欲しいのか，4．（匿名または実名で）学級全体に指導して欲しいのか，5．

相手の保護者に伝えて欲しいのか，などです。ただ，**感情が高ぶっていると，本人に不利益になる願いや，非現実的な願いを訴える場合があるので，冷静になってから再度，願いを確認して，ゴールの設定をします。**

　ざっくり話を聴いたら，「この問題を確実に解決したいので，学年主任や教頭先生にも協力してもらうね」と本人に伝えます。そして，最初に聞いた教員だけでなく，一緒に加わった教員とペアでていねいに話を聴いていきます。保護者への報告も必ず行うようにします。

本人の納得感を得る

　いじめの解決は，本人が心身の苦痛を感じなくなって３か月以上経過していること，が目安になっています。ですから，**私たち教師が客観的に見ていじめがなくなったかどうか，ではなく，本人の感覚を確かめる**ようにします。

　私がやっていたのは，いじめ等の訴えが本人からあった場合，解決に向けた話し合いをしたちょうど１週間後に再び面談をします。１週間経ってみて，困っていることはないか，心身の苦痛は解消したか，を確認します。そこで，「今のところ問題ない」という旨の返答があれば，さらに１週間後に経過を確認する約束をします。もし，状況が変わらなければ，別の手立てや新たな手段を用いて，本人の心身の苦痛の解消を目指し，さらに１週間後に面談をする約束をします。

　事柄が重大な場合は，１週間後の経過確認でなく，翌日や３日後に面談をする場合もあります。いずれにしても，本人の不安の除去や経過を継続的に確認し，本人が納得感を得られる対応になるよう，指導していきます。

- まずは子どもの困り感や辛さに寄り添う対応をする。
- いじめの対応を学級担任等に抱え込ませず，チームで対応する。

3章 ｜ いろいろな子どものこと

いじめの認知について

保護者からの訴えがあったときの対処法

放課後，保護者から「うちの子がいじめに遭っていて，学校へ行きたくないと言っている。学校としての対応を説明して欲しい」との電話を受けました。さて管理職はどのように対応すればよいのでしょうか。

保護者が訴えてくる割合と種類

前項では，いじめ認知のうち，子どもが訴えてくる割合（小学校17.3％，中学校27.2％，高等学校31.3％）を示しましたが，同様に保護者の割合を示しますと，次の通りになります。小学校11.4％，中学校14.3％，高等学校10.2％。参考までに，学級担任が発見した割合は，小学校9.7％，中学校9.5％，高等学校4.4％です（「令和4年度　児童生徒の問題行動・不登校等生徒指導上の諸課題に関する調査」（文科省））。

義務教育学校の教員からすると，**自分のクラスのいじめを自分で認知できるのは1割にも満たず，子どもから2割前後，保護者から1割前後，あとはアンケートが大半**，ということになります。つまり，教員がいじめを発見したときの実感としては，青天の霹靂，あるいはうすうすは感じていたけど訴えがあったから正式に事案化した，というものだと思います。

さて，保護者からいじめの訴えがある場合には，いくつかのパターンがあります。1．学級担任に訴えたもの，2．学級担任以外の，学年主任や養護教諭またはスクールカウンセラーに訴えたもの，3．学級担任ではなく直接，管理職に訴えたもの，4．学級担任に訴えていたが，改善が見られないので

管理職に訴えたもの，5．学校ではなく直接，教育委員会に訴えたもの，6．外部機関に訴えがあり，教育委員会を経由して学校へ情報が入るもの，です。

実際の対処法あれこれ

学級担任に訴えがあったものは，子どもから訴えがあったときと同じようにていねいに聴いていくことから始めていきます。聞き取りを行った後は，必ず保護者に電話等で連絡をし，面談を行ったことや，本人とのやりとりを伝えます。対応の方針が決まっていればそのときの電話で伝え，決まっていなければ，本人と面談した内容を踏まえて方針を立てる旨を伝え，電話を切ります。

学級担任以外に訴えがあった場合も2つ種類があります。1つは，学級担任に対する不信感から他の職員に訴える場合と，養護教諭やスクールカウンセラーと保護者が面談しているうちに，気を許して「実は……」と訴えてくる場合があります。前者の場合の対応の窓口は，学年主任等が行うことになりますが，後者の場合のうち，学級担任に対応させてよいか保護者から了解を得られれば，相談を受けた職員が学級担任に情報を伝えます。そして，学級担任に訴えがあったときと同じように対応します。**学級担任への不信がある場合は，学級担任ではなく学年主任が対応の中心**になります。

管理職に直接訴えがある場合は，3つ種類があります。1つは，学級担任への不信感から管理職へ直接訴えた場合です。この場合の対応もさらに2つパターンがあって，いじめ対応を学級担任にさせて，そのやり取りの「総監督」として管理職の指導・助言を求めるものと，そもそも学級担任をいじめ対応から外して，学年主任や管理職に対応して欲しいというものがあります。

2つ目は，学級担任に訴えると，学級担任の仕事を批判する保護者と思われたくないから，管理職がうまく対応して欲しい，電話をしたこともナイショにして欲しい，というもので，進路を心配する保護者に多いです。こういう場合は，担任に保護者から電話があったことを知らない体で対応させる場

合と，管理職が保護者を説得して担任に相談してもらう場合と，担任にも知らせないで，学年主任や他の職員で対応する場合があります。基本的には，学級担任に伝える方向で対応にあたりますが，いろいろな事情があるのが現場なので，総合的に判断して対応方針を決めます。

3つ目は，困ったことは管理職に言うものだ，と思い込んでいて，学級担任を飛ばして管理職に直接訴えに来ている場合があります。そのような場合は，学級担任に対応させてもよいかを確認して，直接，学級担任に相談するように案内します。

実際の対応は現場なんですけど……の場合

教育委員会から電話があって，何かと思ったら保護者からいじめの訴えがありました，という場合があります。他にも，病院やカウンセリングルーム，子どもがかつて通っていた保育園や幼稚園から，「保護者から相談がありましたけど，どうなっているんですか？」という電話が来る場合もあります。

教育委員会の場合も，市区町村教育委員会に訴えがあった場合と，都道府県教育委員会に訴えがあった場合と，文部科学省に訴えがあった場合があります。さらに，そこに議員さんや地域の名士が絡んでいたり，いなかったりでも状況は異なります。

ご承知の通り，行政機関は順々に下りてきますから，シャンパンタワーのようにどこから注ごうと，**最終的には一番下のグラスである学校が対応します。保護者は上位機関に訴えることで，何か大きな力を得たような気持ちになるのかもしれませんが，学校は粛々と対応していくだけ**です。

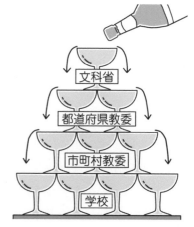

対応の方法は，直接，管理職に訴えがあった場合と同じですが，事実確認や対応方

針，経過などについて，ペーパーにまとめる必要があります。**どのようないじめ事案でも記録をつける必要がありますが，教育委員会に報告する必要があるので，形式を整えなくてはいけません。時系列に沿ってまとめるのが基本**です。

病院やカウンセリングルーム等からの連絡は，電話をしてくれたことに謝意を述べ，保護者から受けた相談の内容を聞き取ります。しかし，病院等は学校の上位機関でもなく単なる外部機関なので，報告の義務もなければ，個人情報保護の観点からも情報を開示できません。保護者と直接やり取りをしていくようにしますが，**連絡をくれた機関の守秘義務違反の可能性があるので，学校に連絡があったことを保護者に伝えても大丈夫か，必ず当該の機関に確認をする**ようにします。学校に連絡することを保護者に承諾したものと考えていたら，当該機関が行っていなくて保護者とトラブルになり，逆ギレみたいな感じで学校がその機関に責められるという場合があります。

対応としては，保護者と連絡が取れる場合にはていねいに話を聴き，子どもの話を聴き，事実確認を行って対応方針を立てます。一方，保護者には伏せて欲しい，という場合は，子どもに「最近，学校は楽しく通えている？何か困ったことはない？」などと声をかけて，世間話をしながらそれとなく教育相談面接を行って現状の把握をします。

病院や園によっては，保護者が訴えた後に直接学校ではなく，教育委員会に電話する場合があります。そこから，学校へ下りてくる場合があります。そういう場合は，さきほど述べたような対応になります。

どのようなルートで訴えがあった場合でも，いじめの解決は学校でしかできません。セオリー通り，ていねいに話を聞いて事実確認をし，チームで対応する，記録を残す。その当たり前を確実に行えるよう指導していきます。

- 学級担任への不信感の有無を見極める。
- 上位機関への説明用に時系列に沿った記録を整える。

いじめの認知について

アンケートで認知したときの対処法

　毎月のいじめアンケートで，意外な子がいじめを受けている訴えを書いてきました。学級担任によると，毎日楽しそうに過ごしているので，何かの間違いでは，と言っています。どういう助言をすべきでしょうか。

大半のいじめはアンケートでキャッチされる

　いじめのアンケートは多くの自治体で毎月行われます。以前は学期に１回が大半でしたが，１か月に１回実施するところが増えてきました。なぜならば，**アンケートはいじめを発見するツールとして著しく優れていて，実施頻度を上げることがいじめの早期発見に益する**からです。さきほどから頻繁に引用している資料，「令和４年度　児童生徒の問題行動・不登校等生徒指導上の諸課題に関する調査」（文科省）からも，アンケートの絶大な効果が示されています。アンケートによるいじめを発見した割合は，小学校55.2％，中学校33.7％，高等学校42.8％です。学級担任が発見した割合の，小学校9.7％，中学校9.5％，高等学校4.4％とは雲泥の差です。

　なぜ，ここまで学級担任による発見と，アンケートによる発見の割合にズレがあるのかというと，だいぶ前の項で述べた「教職経験年数５年未満と16年以上の教師は有意に子どもの学級適応を見誤る」ように，観察から子どもの内面を把握するのが難しい，ということに尽きると思われます。

　近年は子どもたち全員にＧＩＧＡ端末が配付されたこともあり，アンケートを紙ではなく，端末で行う学校も増えてきました。その方が，回収の際に

内容が漏れたり，用紙を紛失したりすることがなく，集計を効率的に進めることができます。一方で，ローマ字入力ができない低学年や支援が必要な子どもには，紙媒体のアンケートを用意したり，ローマ字ではない入力方法を教えたりする必要があります。

教育相談とセットで

　アンケートはいじめ発見の強力なツールですが，いじめを発見するきっかけでしかありません。ともすると，アンケートを実施しただけで安心してしまうことがあるようです。**大切なのはそのアンケートの結果をどう生かして，子どもの学校生活をいごこちのよい環境にしていくかにかかっています。**

　そこで，多くの学校ではアンケートの実施と，教育相談面接がセットになっています。いじめを受けているか，という設問に「はい」と答えている子どもだけでなく，全員と面談することを基本とします。そうでないと，いじめを受けている子の秘密が守れないからです。

　毎月，アンケートが実施されますが，セットにする教育相談面接については，2つの方法があります。1つは，アンケートを毎月実施するが，教育相談面接は学期に1回行う。ただし，いじめを受けている子に対しては，別枠で面談を行う。2つ目は，アンケートを毎月行い，教育相談面接も毎回行う。ただし，1人当たりの時間は30秒～1分で行い，もっと話したい子，いじめられているという訴えがあった子は別枠でしっかり時間をとって実施する，というものです。

　別枠，というのは，業間休みや昼休み，放課後など，ある程度の長さの時間を取れる機会に，他の児童の目が届かないところで面談を実施する，ということです。

　アンケートの保管期間は，各自治体の教育委員会が定めており，多くの自治体は5年間のようです。

3章｜いろいろな子どものこと　91

いじめ発見アプリ

　近年は教育委員会のいじめアンケートとは別に，子どもからのSOSをキャッチする相談アプリを導入している自治体が増えてきました。いくつかの会社がサービスを提供していますが，毎日「心の天気」を入力するタイプや，必要に応じて「相談する」ボタンを装備しているものがあります。

　この「相談する」ボタンの通知が，校内の教員に届く場合と，校外の相談員，教育委員会の担当者またはサービス提供会社が用意したカウンセラー等に届く場合があります。**校内の教員の場合，校務分掌における生徒指導部の先生に届くように設定します。また，子どもたちに対しても，「相談する」ボタンがどの先生につながっているのかを必ず周知する必要**があります。あるアプリの場合，相談する先生の選択肢が「校長先生」「担任の先生」「保健室の先生」「男の先生」「女の先生」とあり，この「男の先生」というのは誰なんだ？ということが子どもの間で話題になりました。「男の先生」は○○先生だよ，「女の先生」は□□先生のことだよ，と知らせる必要があります。

　実際に使ってみて難しかったのは，この「相談する」ボタンの運用でした。相談希望の相手が「担任の先生」以外だった場合，指名された先生は，学級担任に気づかれずに子どもと接触する必要があります。なぜならば，学級担任の先生についての相談であるかもしれないからです。また，この「相談する」ボタンを間違って押してしまう子どもも少なからずいました。担任の先生に気づかれずに接触を試みたものの，「私，押していません」ということが間々ありました。

　数か月運用してみてわかったこととして，「相談する」ボタンを押した子は，自分から相談を希望する先生に声をかける，というルールが必要だということでした。そうすると，「誰にも気づかれずにSOSを出す」ということが，このアプリによって本当に実現できるのか，若干の疑問が残りました。

　また，**毎日子どもたちに「心の天気」を入力させたところで，全員の状態**

を把握する業務は学級担任にとって負担が過重になります。あくまで気になる子どもの様子が教室で見られた時に，「心の天気」ではどのように回答しているのだろう，と参照する程度の使い方が実際のところだと思います。

このアプリによって校外の担当者に相談した場合は，おそらく，教育委員会にいじめの訴えがあって，学校へ連絡が来るケースと同じになると思われます。したがって，学級担任によるていねいな聞き取りを行い，粛々と対応していきます。

解決までのフロー図を作らせる

2024年現在，経験年数が少ない教員が増えており，いじめを発見した後の対応について心許ない状況があります。まずは，学年主任，そして管理職に報告させることを指導しますが，全体としてどのように対応していくのかを見通すフローを身に付けさせる必要があります。

なぜならば，学校事情によっては，数年で若い先生に学年主任や教務主任を任せなければならないことがあり，しっか

解決までのフロー図（例）
いじめの認知（担任）
⬇
学年主任に報告＆相談
⬇
生徒指導主任に報告＆相談
⬇
管理職に報告＆相談
⬇
いじめ防止対策委員会の招集
⬇
対応方針・役割分担の決定
⬇
正確な情報収集と指導 （①被害者→②周囲の子→③加害者，の順に）
⬇
保護者への説明
⬇
【重大事態等】教育委員会へ報告
⬇
継続的な見守り（3ヶ月間）

りとした対応ができる教員を急いで育てなければならない場合があるからです。主任や管理職に任せるだけでなく，自分自身がいじめ対応を担える人材になるために，いじめ対応のフローを早いうちに身に付けさせたいものです。**研修を通して，いじめ対応のフロー図をつくらせるのも有効**だと思います。

ポイント

・アンケートと教育相談をセットにして実施する。

・発見から解決までの動きを早い段階で身に付けさせる。

3章｜いろいろな子どものこと　93

特別な支援が必要な子どもについて

就学するときの情報の集め方と
体制づくり

来年度入ってくる新１年生について，保護者の情報提供がありました。現在通っているこども園が，その子の対応に相当苦慮しているらしい，とのことでした。学校はどのような準備をすればよいでしょうか。

情報は多ければ多いほどよい

管理職は情報が命です。なぜならば，判断するためには材料としての情報が必要だからです。ですから，**先生たちからの情報や保護者からの情報，地域からの情報をたくさん集められるアンテナの高さが必要**です。

先生たちから入ってくる就学関係の情報は，きょうだい関係についての情報が主です。「○○さんの弟がいて来年入ってくるらしい」とか，「下に妹がいるんだけど，周りの子に手を出すから，ママ友の間で話題になっている」とか，噂レベルの物から，信ぴょう性の高い情報までまさに玉石混交です。

保護者からの情報は，ＰＴＡ関係の方々から入ってくることが多いです。それぞれの保護者の子どもが卒園した幼稚園・保育園の情報や，そこで起こったトラブル，今，問題になっていることなど，世間話として情報が入ってきます。保護者は下の子の関係で，それぞれの幼稚園・保育園の保護者であったり，ママ友を介して幼稚園・保育園の保護者とつながっていたりするので，情報をもっています。保護者と雑談をする中で，来年度以降，学校へ入学してくる子どもの情報や園の情報をそれとなく集めておくとよいでしょう。

また，地域からの情報も大切です。毎朝，通学路を見守ってくださる町会

の方や，ボランティアで旗振りをしてくださる方に，感謝を述べつつ会話をするようにします。初めは，そのような方々から，現在の学校の状況を質問されることの方が多いのですが，だんだん関係ができてくると，地域の話題や問題になっていることを教えてくれるようになります。その中で，就学関係で課題になる子どもや家庭の情報を集めていくこともします。

さきほども述べた通り，**信ぴょう性が不明な情報も多いので，鵜呑みにせず，記録や記憶に残しておき，その後の情報収集を通して裏付けを行っていきます。**

就学指導委員会と連絡を密にする

特別支援学級へ入学する子どもは，ほぼすべて各市区町村教育委員会の就学指導委員会の就学相談を経ています。就学相談にかかっていないのに，いきなり特別支援学級に入ることはありません。むしろ，まったく情報がないために，特別支援学級が適当と思われるのにも関わらず，通常学級に入れざるを得ないことは間々あります。

就学相談において，通常学級が適当か，特別支援学級が適当か，あるいはそれ以外かが決まりますが，発達検査を実施するか否かなどの具体的な内容については，各自治体によってまちまちです。また，どちらの学級に通うかについては，保護者の意向が主ですが，その決定の根拠に発達検査を入れるかどうかも各自治体によって違いがあります。それぞれの自治体の就学相談の仕組みを確認しましょう。

次年度の児童生徒数及び学級数の報告が，年明けあたりから何回かにわたって行われます。これらの数で各学校の教員の定数が決まるので，とても大事になってきます。特別支援学級の児童生徒数は，通常学級の人数から除くので，その子ども1人が入るか入らないかで学級が増えたり減ったりします。この報告が遅れたために，正規職員が学校に配置されず，臨時講師が配置されたり，最悪なケースとしては，臨時講師もつけられなかったりする場合が

3章 ｜ いろいろな子どものこと 95

あります。

　ですから，**就学相談に上がっている児童生徒が通常学級「適」なのか，特別支援学級「適」なのかの最終判断を，なるべく早く得る必要があります。**もちろん，就学指導委員会（市教委）もそのタイムリミットを知っているので，早めに最終判断をしてくれる場合がほとんどなのですが，就学相談を受けている児童生徒が多数であったり，担当する指導主事が何らかの理由で判断が遅れたりしている場合は，就学指導委員会に連絡して，児童生徒数報告及び学級数報告の期限を伝え，その期日までに保護者との結論を出してもらうよう依頼をすることも大切です。

下の校種からの情報を謙虚に得る

　通常級に入学してくる場合と同様に，特別支援学級に入学する子どもも下の校種との引継ぎを行います。引き継いだときは「大変だ」と聞いていたのに，実際入学してみたらそれほどでもなかったり，その逆のパターンもあったり

> **引継ぎで重要な情報**
> ①健康の情報
> ②生活・学習の様子
> ③保護者の情報
> ④他の子どもとの関係

します。そのような経験を根拠に，引継ぎに緊張感をもたずに臨もうとしている職員がたまにいます。そのような場合は管理職として一声かける必要があります。

　リスクマネジメントの基本は心配することです。下の校種から上がってくる情報はどんなことでもメモする，疑問に思ったことは必ず質問する，確認する，を徹底して行わせるようにします。担当者の粗いフィルターのせいで，貴重な情報をスルーしてしまう事態を防ぐためです。得た情報を取捨選択するのは管理職であって，担当者ではないからです。

　引継ぎで特に重要な情報は，①健康の情報（障害及び慢性疾患，食物アレルギーを含む），②生活・学習の様子（トイレ，身支度，出欠情報，学力，

好きな物・こと，嫌いな物・こと），③保護者の情報（園や学校にどんな要求があったか，その他のエピソード），④他の子どもとの関係（誰と一緒にすべきか，一緒にしない方がよいか，過去のエピソード）です。

入学した当初や入学した年は，子どもも親も緊張しているので，過去の問題は顕在化されないことが多いです。学校生活に慣れてきた時期や，次の年に問題が表れて，過去の情報との整合性が時間差で得られる場合もあるのです。ですから，**「引継ぎで聞いたトラブルは，その学校（園）の先生のやり方が問題だったのでは？」などという考えは，間違ってももつべきではありません。**謙虚にあらゆる情報を収集します。

実際に見に行って体制を構想する

特別支援学級担任は入学前の様子を，幼稚園・保育園，小学校へ足を運んで見に行きますが，中学校は通常学級の担任も小学校へ見に来ることが多くなりました。引継ぎの情報よりも，実際の行動を観察することで得られる情報量の方が多いので，訪問する時間をしっかり確保できるような体制を整えましょう。可能ならば管理職も一緒に訪問しましょう。

特別支援学級に入学する場合は，あらかじめ体制が整っていますが，**通常学級に入学する場合には，その児童を誰が担任するかを十分考える必要があります。**市区町村によっては学校に補助教員がデフォルトで入っているので，その補助教員を当該教室へ入れる時間を工夫します。そうでない場合は，何かが起きたときに誰が補助に入れるか，どのように当該学級をサポートするかを大まかに考えておき，新年度に入ってからしっかり固めましょう。

ポイント

・情報は多ければ多いほどよい。噂レベルの情報も貪欲に集める。
・下の校種の情報は大事。引継ぎ担当者に緊張感をもたせる。

3章｜いろいろな子どものこと　97

特別な支援が必要な子どもについて

入学してからの実態把握と環境整備への指導・助言の仕方

> 入学してから1週間。教室に入れなくて泣いている子や，席に座っていられない子がいくつかの教室で見られるようになりました。管理職としてどのような対応をすればよいのでしょうか。

まずは現場を見る

入学した次の日から，教室に入れない子や，席に座っていられない子ももちろんいますが，少し落ち着いた頃に問題が表出することが多いです。なぜならば，子どもも入学したらちゃんとやろう，がんばろうと思って緊張しているからで，無理をして「よい子」でいます。ですから，がんばれなくなったタイミングでもともともっている特性が顔を出し始めるのです。

前の項で引継ぎの話をしましたが，引継ぎで大変だと聞いていたのにそうでもない，と感じていた矢先，やはり引継ぎで聞いた通りになった，というのも，そういうタイミングで起こります。

入学して1週間前後の不適応行動は主に，分離不安を原因とするものが挙げられます。具体的には母親と離れられない，教室が怖い，というものです。育休明けに初めて保育園へ預けたときの分離不安と，心理的メカニズムは同じですが，保育園と違って，分離不安に陥っている子どもに寄り添える職員

の数が十分でない，というところが学校の特徴です。

　1年生に「低学年支援教員」のような名称で，補助教員が配置されている自治体は，それらの子どもに対応できますが，財政的に配置できない自治体の学校は，学級担任や担任をもっていない教員，管理職が対応しなくてはなりません。

　それ以外の不適応行動，例えば離席や飛び出しなども，管理職が実際に見に行くことが大事です。そこで把握すべき情報は，子どもの不適応行動の特徴，例えば「どういうきっかけで起こるのか」，「不適応行動の詳細はどのようなものか」，「影響はどのようなものがあるか」，「教室でどのように対応しているか」，「どのように対応すると収まるのか」，「不適応行動の対応で教員は疲弊していないか」などを観察します。

　その情報を基に，差し当たっての対応方針を考えて実行します。

ケース会議を開く

　差し当たっての対応で改善が見られない場合や，不適応行動が重篤の場合はケース会議を開きます。出席する職員は，校長・教頭（副校長）・教務主任・特別支援教育コーディネーター・学年主任・学級担任・養護教諭，などです。

　まず，問題の全体像を明らかにします。**本人や保護者の困り感や，学級・学校としての困り感を中心に，リスト化**します。次に，就学相談や幼稚園・保育園からの情報と，入学してからの本人の様子をメンバーで共有します。

　そして，不適応行動が見られた当初から行ってきた，学校としての対応の評価を行います。①いつ，②だれが，③何をしたら，④どうなったのか，⑤その対応をどう評価するか，です。例えば，①月曜日の朝に，泣き叫んでいる女児を，②補助教員が，③母親から受け取って，母親を帰したら，④午前中はずっと泣いていて教室に入れなかった。⑤母親から離れることができたので一歩前進だが，教室に入れるまでの時間をもう少し短縮したい，という

3章｜いろいろな子どものこと　　99

ような感じです。

　さらに，解決をするための資源（リソース）をリスト化します。具体的には，①問題が起きたときに配置できるスタッフの人数，②気持ちを落ち着かせるために使える部屋の有無，③保護者のお迎えが可能か否か，④連携できる外部機関とその案内資料の準備，⑤今までにやってみて有効と思われる手立て，などです。

　ケース会議を開くと，開いただけで満足してしまったり，会議が終わっただけで問題が片付いたような錯覚に陥ったりすることがあります。ケース会議の最後は，①具体的な対応と，②それを実施する人，③実施するタイミング，④実施後の評価（第２回ケース会議）をするスケジュールを決めて終了にします。

心のエネルギーを備給する

　子どもの不適応行動には，いろいろな背景があります。子どもが生まれながらにもっている「特性」と，入学後の落ち着かない環境という「状態」のかけ算で問題は起こります。特性が強ければ，状態の変数が小さくても不適応行動の規模は大きくなりますし，特性が小さくても状態の変数が大きければやはり，不適応行動の規模は大きくなります。

　子どもの発達特性自体は，改善するまでに長い時間がかかります。ですから，**私たちが直ぐに改善できる要素は，「状態」あるいは「環境」です。**環境というと，教室の掲示物だったり，採光だったり，座席の配置だったりを想像するかもしれません。それもあながち外れではないのですが，もっと環境を広く捉えて，その子どもを取り囲むあらゆる要素を視野に入れて調整していきます。

　その中で一番大きな要素は，人です。

　分離不安を心理学的に表現すると，心の中のエネルギーが足りていない状態，あるいは，心の中に「小さなお母さん」がいない状態です。どの子ども

も学校をはじめとする社会で生活するときに，心的なエネルギーを必要とします。ですから，1年生は慣れない環境で1日を過ごした後，入学前に卒業した抱っこをせがんだり，母親と一緒の布団に入りたがったりすることがあります。これは，消耗した心的なエネルギーを「備給」（充電）しているのです。

学校などの家庭以外で，心的なエネルギーを備給できる人，できる場所を用意することができれば，分離不安を消失させることができる可能性があります。

保護者を支える

本来，家庭で備給されるべき心のエネルギーが，保護者によって与えられない場合があります。それは，保護者自身の心のエネルギーが少なくなっているからです。私たち教師はカウンセラーではないので，保護者のセラピーはできませんが，**保護者の困り感に共感し，子どもの日々の成長を伝えることで，親としての自己効力感を高めることができます。**

そのような共感や成長を伝えることができなくても，管理職が「こんにちは！」と声をかけたり，「最近どうですか？」（オープンクエスチョン）と世間話を持ちかけたりすることは，保護者との関係の構築や保護者支援の第一歩につながります。

支援を必要とする子どもの保護者に対して，肯定的な関心を向けて，「あなたの存在を学校はキャッチしていますよ」「いつでも支える準備がありますよ」という「オーラ」（雰囲気）を出し続けることが，管理職として大事なスタンスではないかと思います。

ポイント

・問題の現場にまず駆けつけて自分の目で見る。
・ケース会議は，行動ベースのスケジュールと効果の検証を原則にする。

3章｜いろいろな子どものこと　101

特別な支援が必要な子どもについて

どうにもならなくなったときの
助けの求め方

特別支援学級に入学した○○さん。教員の目を盗んで教室を飛び出し，家へ帰ってしまいます。雨の日でも裸足で飛び出していき，校庭の水たまりで遊んでいます。さて，どうすればよいのでしょうか。

事件は現場で起きている

入学前からその子の情報を掴んでいて，学校として十分な体制で臨んだつもりでも，現実が想定を超えて重篤である場合が少なくありません。ケース会議を何回開いても，事態が一向に改善されない場合も多くあります。そういうときは，スタッフの中に徒労感や無力感が募ります。

あるとき，特別支援学級の支援員が私のところへ来ました。「教頭先生，○○くんが校門を出ていきました！」その子についていてあげるのがあなた（支援員）の仕事じゃないの？と心の中で思いましたが，それほどまでに支援員の手に余っていたことがよくわかりました。その子の名前を呼び続けながら，後を追いかけたことが何度もありました。

あるとき，特別支援学級のスタッフが，完全に○○くんを見失いました。校内にいるのか，校外にいるのかもわかりません。授業中でしたが，全校に放送をかけて大捜索が始まりました。なかなか見つかりませんでしたが，ようやく階段下にある，掃除用具のストックを置く場所にいるのがわかりました。

「これはもう，学校の体制だけで乗り越えられる問題じゃない」。○○くん

102

への対応が，自分たちのキャパシティーをオーバーしているのを，誰もが感じた出来事でした。

教育委員会に相談する

各市区町村教育委員会には，特別支援教育を担当する部署があります。困ったときには管理職から相談の電話を入れるようにしましょう。電話で問題の全容を伝えるのは難しいので，当該児童生徒の様子を見に来てもらって，その後に学校から説明をして，助言をもらうのがスタンダードな流れです。

たまにですが，指導主事が見に来て状況の見立てだけをして帰ってしまう場合があるので，**①学校として取り得る手立てにどのようなものがあるか，②今後の見通しとしてどのようなシナリオがあるのか，③連携しうる外部機関はどこで，どのようにつながればいいのか，は必ず聞くようにします。**

一度だけ来ておしまい，とならないために，助言を受けてから学校体制として実行し，その後の評価と今後の方針について，2週間後を目途に再び指導主事を招聘して指導・助言をもらいます。そしてさらにその後の方針を立てて実行し，また2週間後に招聘して評価及び検討をします。

教育委員会は学校より上位機関なので，招聘するのに臆する場合がありますが，子どものため，**管理職は頭を下げてナンボという精神で，リソースを学校へ引っ張ってくる**ようにします。

ただ，教育委員会に甘えて学校として努力していない，と思われないために，特別支援教育コーディネーターを中心に，①いつ，②何があったか，③誰が，④何をしたか，⑤効果はどうであったか，⑥ケース会議の記録，⑦指導主事の助言を受けて取り組んだこと，⑧その成果と課題，の8点は，指導主事を招聘したときに共有できるよう，レポ

共有レポートの内容
①いつ
②何が
③誰が
④何をしたか
⑤効果
⑥ケース会議の記録
⑦取り組んだこと
⑧成果と課題

3章｜いろいろな子どものこと　　103

ートとしてまとめておくことが重要です。

保護者をチームに加える

とかく学校で起きた問題を，学校の中だけで解決しようとしてしまいがちですが，**特別支援教育において保護者は大きなリソースなので，保護者も問題を解決するメンバーに加えること**が有効です。

この項で登場している○○くんは，おうちに帰りたくて「脱走」を繰り返していました。よくよく聞いてみると，家でやっているゲームが大好きのようです。学校に1日中ずっといるのが難しいので，まずは2時間，次に4時間，そして5時間……というように，在校できる時間を徐々に伸ばしていくことを目標にしました。

そうしてみると，登校してから2時間後，4時間後に，保護者にお迎えの協力を得なくてはなりません。そもそも，一度登校させた子どもを，2時間後や4時間後に迎えに来なければいけない理由を，保護者に納得してもらって，協力してもらう必要があります。

管理職と特別支援教育コーディネーターが保護者と面談をして，○○くんの現在の状況と見立て，今後の見通しを伝えて，協力してもらうことを受け入れてもらわなくてはいけないのです。

○○くんの場合，保護者の方が学校での状況を十分理解してくれて，また，保護者の仕事が夕方以降だったので，お迎えに来ることも承諾してくれました。もちろん，おうちの方の用事があって，予定より長く学校に留め置くこともありましたし，おうちの方が寝坊をされてなかなかお迎えに来ないこともありましたが，○○くんの実態に合わせて在校時間を徐々に長くする作戦は，うまいこと軌道に乗ったのでした。

子どもの成長は学校だけの力でどうにかできるものではありません。家庭という大きなリソースを加えて，総合的に支援していくことが大切です。是非とも，保護者の力を十分に使って，状況を好転できるよう管理職は整備し

ていく必要があります。そのためには，保護者と学校の関係づくりを，管理職が指導・助言，あるいはコーディネートしていくことが重要なのです。

保護者が協力してくれない場合

　〇〇くんのケースでは，保護者が状態を理解してくれて，協力をしてくれたので，状況が好転していきました。しかし，そのようにうまくいくことの方が稀であることは言うまでもありません。
　保護者が自分の子どもの特性を受け入れていない場合，問題の所在を学校や担任の指導の不適切さに求めることがあります。思考のこだわりや，原因を自分以外の誰かに求める傾向（原因の外部帰属化）は，子ども本人だけでなく，その保護者にも同様の傾向が見られることが多いです。
　そういうケースの場合，保護者に協力を求めると，学校の問題であるから学校が何とかすべき，とか，担任の指導が悪いのでうちの子が不適応を起こしているとか，友達の□□くんが原因だから保護者を指導して欲しい，などという発言をされることがあります。
　こういう場合は何とかして保護者をわからせようとして説得したり，議論をしたりしても意味がありません。なぜならば，理屈や理性を超えた，「感情のレベル」で保護者は発言をしているからです。
　そういうときは，無理にわからせたり，協力させたりしようとするのではなく，**保護者が理解できる範囲や，協力できる範囲の中で，やってもらえることや状況の説明をていねいに行い，保護者が受け入れられるようになるまで，じっくりと時間をかけていく**ようにします。

・教育委員会などの専門家や専門機関を上手に活用する。
・保護者をチームに加えて，解決のリソースを増やす。

―――――――――――― Column ――――――――――――

異動希望が出されたら？

　都道府県によって，1校あたりの在校年数の基準があります。千葉県の義務教育学校は，初任校は5年，2校目からは7年，他市への交流人事の場合は3年が目安になっています。

　それらの基準に則って異動希望をする場合はいざ知らず，満期になる前に異動を希望する場合があります。異動希望の理由には，個人的な理由によるものと，現在の職場環境によるものがあります。前者は当人のキャリアデザインやライフプランなので，校内人事的に引き留めることはあっても，基本，「わかりました。次の学校でもがんばってね」ということになるでしょう。

　後者は，現在の職場における自分の立場や状況が納得できていないので，異動を希望していることが考えられます。不満をもって異動を希望する人数が多かったり，在校年数が短かったりする場合は，学校の職場環境に問題があるので，原因を探って改善を図っていく必要があります。

　よくある原因として，①管理職の考え方や学校経営方針が合わない，②同僚に嫌な人がいる，③地域的に子どもや保護者が大変，④校内の役割（校務分掌等）が重い，⑤次年度から研究指定校になる，が挙げられます。

　スポーツのチームもそうですが，良いメンバーを集められれば強いチームになります。学校も同じです。教員の平均在校年数が短くて，交通の便が悪くて，市内の教員からのイメージが悪い学校は，異動希望先に選ばれにくい傾向があり，なかなかチームを強化するのが難しいです。

　地理的・地域的な条件は，管理職がどうこうできるものではありませんが，学校の良さを保護者や地域にアピールするだけでなく，市内の教員にアピールできるようにしていかなくてはいけません。

　「ストーブリーグ」ではありませんが，良い人材を引っ張ってくる力が管理職には必要だなぁと思います。

4章

いろいろな職員のこと

～大家族の大黒柱になる！～

教員の指導力について

教師の指導力の上げ方

　教職経験5年目のA先生。ある程度，学級経営や学習指導ができるようになり，自信がついてきたのはいいのですが，少し現状で満足しているように見受けられます。管理職はどうすればいいのでしょうか。

5年目あたりが一番難しい

　初任者研修をはじめとする，経験者研修を担当する指導主事がこう言いました。「初任者はもちろん1年目だから，緊張感をもって研修を受けているんですけど，5年目あたりの教員が一番難しいですね」

　何もかもがわからなかった1年目から数年経ち，一応，一通りのことができるようになる5年目。その人なりの型やルーティンができ，仕事のスタイルが決まってきます。そうすると，「教師の仕事はこんなもんだ」とか，「自分はもう教師として一人前だ」のように，タカをくくった，油断したような意識になる職員が出てきます。

　こういう意識が不祥事につながったり，子どもや保護者を傷つけたり，自らの成長を止めてしまったりする要因につながります。**私はこの魔の現象を「5年目の勘違い」と呼んでいます。ただ単に，1年目や2年目のときの緊張感や不安感が無くなっただけの，マイナスがゼロになったという心理状態です。**

　しかし，本人は「自信」という高揚感がありますから，できていないところや課題を指摘すると，伝え方や言う人によっては食って掛かってきたり，

パワハラだと訴えてきたりします。つまり,「自信がついた」とはいえ,まだまだ脆弱であることを本人としても無意識では気づいているのです。

　自治体によっては,初任校は5年までしか所属できず,半ば強制的に異動させるところもあります。最初の学校で「我が世の春」を謳歌していた先生が,次の学校で苦労するという話も枚挙に暇がありません。この「初任校は5年で異動」という制度も,この「5年目の勘違い」を解消させる上で,とても有効に働いていると思われます。

メンターは少し上の先輩がいい

　私の経験からすると,初任者研修を始めとする悉皆研修は成長のきっかけにはなりますが,教師を成長させるのは現場での経験が中心です。**教師の仕事は職人技です。頭でわかっていても,体が動かなければ,子どもに伝わらなければ意味がありません。**真面目にやればやるほど,自分の力のなさや,修行(研修)の必要性を感じてくる仕事です。

　1年目や2年目の不安や自信のなさは,メンタルの不調やドロップアウトの要因になるので,周りは気を遣って解消に努めます。しかし,その不安や自信のなさは,自らを高める原動力にもなります。ですから,不安感をケアすると同時に,その不安感の大本になっている資質能力を高める,「道具的サポート」が重要です。

　つまり,**できないから不安になっている若手教員に,「大丈夫,大丈夫」と声をかけることは,一時的な慰めにはなっても根本的な解決にはならない**ということです。それよりも,「こうしてみたら」とか,「私はこんな風にやったよ」とか,「この本は参考になるよ」という情報提供の方が,意味のあ

るサポートです。

この道具的サポートも，やり方にポイントがあることがわかってきました。一般的に指導力のある教員が助言することが有効のように思われます。特に，何かの教科領域に秀でた管理職は，「自分の得意な○○を教えてあげよう」と思いがちです。しかし，**経験の浅い教員にとっては，指導力の高い教員に教えてもらいたいというよりは，能力や経験が自分より少し上の先輩教員に教えてもらいたいと思っている**ことが多いようです。

なぜならば，自分よりも経験が多く，能力の高い教員に教えてもらっても，そもそもの前提条件が違うから，実際には実行できない，難しくてできない，と思っているようです。ですから，自分の経験年数より少し上の教員に教えてもらった，自分でも取り組めそうな教材ややり方を好む傾向があります。

そうしてみると，横浜市が現場のOJT研修を教職経験2年目の教員に担当させるという考え方は，非常に理に適っていると思われます。

もちろん，教科のスペシャリストである大先輩に教わりたい！という志の高い教員もいるので，門戸は常に開けておく必要がありますが，**管理職は自分で指導するというよりは，「少し上の先輩」（メンター）と指導力を上げたい教員を，マッチングさせることをメインに考える**とよいでしょう。

指導力はどんな時に上がるか

教師効力感の研究を概観すると，指導力は教師の成功体験の積み重ねであることがわかります。子どもと同じで，教師も「できた！」という経験を繰り返すことが重要です。管理職は先生たちに「できた！」という成功体験を味わう機会を数多く用意する必要があります。

そうはいっても，新たに挑戦する課題を用意して，ただでさえ忙しい先生たちをより忙しくさせてしまってはいけません。ですから，**日々の取り組みの中で，すでにできているところを評価して強化し，少しがんばれば改善できる課題に挑戦してもらう**のです。

例えば，ある学級の子どもたちが熱心に掃除をしています。よく見てみると，学級担任の先生が子どもたちに混ざって，膝をついて床を拭いています。子どもたちには，「○組の子たちは働き者だな〜。担任の先生が働き者だからなぁ〜。素晴らしいな〜」と大声で称賛します。職員の打ち合わせでも，取り上げます。「○組の掃除が本当によく取り組まれています。なぜかと思って見たら，先生が子どもと一緒に取り組んでいるのです。素晴らしい指導だと思いました」と称賛します。

　一方，初任者の教室を覗いたら，子どもたちが特別教室に移動した後の椅子がしまわれていません。「座席を離れるときは，子どもたちが椅子をしまえるようにできるといいね〜」と指導します。それができるようになったら，次の課題，そして次の課題……というように，小さなハードルから始めて，次第に大きな課題に挑戦させていきます。

研修の機会を確保する

　子どもも同じですが，教師のキャリア形成においてもモデルの存在が重要です。私も「こういう校長先生になりたいなぁ」という，憧れの校長先生が何人もいます。働いている学校にモデルを見つけられればそれに越したことはありませんが，もしそういう状況でない場合には，他校で見つけられる機会を用意しましょう。

　教員が不足しているので，自習監督を用意するのが大変ですが，他校の公開研究会に行けるようにしたり，土日の研修会でおススメのものがあれば職員室に掲示したり，日報に載せたりします。

　管理職の熱は職員に伝わります。私たちが率先して研修したいものです。

・少し上の先輩をメンターに任命する。
・小さな成功体験を数多く味わわせる。

4章｜いろいろな職員のこと　　111

教員の指導力について

指導力に課題がある教員を
何とかする方法

　夕方，保護者から電話がかかってきました。「先生が間違ったことを教えていたり，そもそも知らなくて子どもに聞いたりしています。どう対応するんですか！」さて，管理職はどうすればいいのでしょうか。

教師の学力低下

　小学校の学習内容は，当然，小学生が学習するので学問としては初歩的なレベルです。しかし，その初歩的な内容がどのように中学や高校，大学の発展的な内容につながっていくのかを俯瞰し，勘所を押さえて指導しなくてはなりません。つまり，**1を教えるのに1だけ知っていてはダメ**なのです。

　かけ算は小学2年生で学習します。おうちの人とお風呂で九九を覚えたり，先生にチェックしてもらうために，列をつくって暗唱しながら待っていたりした思い出があると思います。あのかけ算1つとっても，（1つ分）×（いくつ分）が原則になっており，中学，高校の関数につながっています。かけ算は交換法則が成り立つので，A×BとB×Aの答えは同じですが，文章題を立式する問題ではA×Bが○でも，B×Aがバツになる場合がありますね。理由が不明な方は琉球大学の河野真治先生のXのポストを参照してください。

　また，小学3年生の算数にわり算があります。「12個のりんごがあります。このりんごを4人に等しく分けます。1人なん個になりますか」という問題と，「12個のりんごがあります。このりんごを1人4個ずつ配ります。なん人に分けられますか」という2つの問題があるとします。

両方とも式は「12÷4＝3」になりますが、この2つの問題はまったく意味が異なります。前者のわり算は「等分除」、後者のわり算は「包含除」といいます。この違いをわからない教師が少なからずいます。「式はどちらも12÷4＝3で同じだね～」で終わってしまうのです。

　そのように、小学校の学習は学問の基礎・基本なので、**教師は問題を解いて正解を出す力だけではなく、その仕組みや原理を理解し、かつ小学生にもわかるように説明できなければなりません。** ラジオの「こども電話相談」で、専門家が質問者である子どもへの回答に四苦八苦しているように、高度な知識をわかりやすく・面白く伝える技術が教師には求められるのです。

教材研究をきっかけに学び直す

　では、そのように基礎学力が心許ない教員がいた場合に、どのように対応すればよいでしょうか。まずは、本人に聞き取りを行い、その教員が現在もっている知識を確認することが大事です。社会科でいうと、歴史分野は得意だが、地理分野は苦手であるとか、理科でいうと、生物は大丈夫だが、物理と化学は自信がまったくない、などのような感じです。

　教師が自分の知識がないことを子どもに自己開示するのは、原則、やめるように指導することも大事です。ほんの少しなら「先生もわからないことがあるのか。正直な先生なんだな」と思いますが、あまりにも数が多いと、「この先生は大丈夫なのかな」という不信感が募ってきてしまうからです。

　また、自分の知識不足をごまかすのが上手な先生がいて、その場その場でごまかせば大丈夫だ、と思っている場合があります。**知識や技能がない、ということは、教える立場の人間として大きな問題・欠陥であることを自覚**

させ，自主的に研修を進める必要性を伝える必要があります。

　そうはいっても，今さら学校へ通い直させることもできないので，教材研究を行う中で，不足している知識や技能を学び直させることが大切です。現在では，YouTube で検索をするととてもわかりやすい学習動画が出てきます。また，NHK for School に動画がアップされているので，それらの情報を見るように助言します。

まず聞けるクラスにする

　学級づくりがうまくいっていない教室は，子どもたちに聞く力がついていないことがほとんどです。先生の話を聞く。友達の話を聞く。自分の話を友達に聞いてもらう。この最低限のルールができていないクラスは，どんな素晴らしい取り組みをしても成功することはまずありません。

　「聞く」というのは，話を聞く情報収集という面だけでなく，話し手を受容する，大切にする，という態度の面が大きいです。ですから，会話をしていて，聞き手がスマホをいじりながら聞いていたりすると，何だかバカにされたような気持ちになります。聞いているのか内容を確認して，相手がちゃんと話を覚えていたとしても，何だかモヤモヤするのはそういう理由です。

　うまくいっていない学級は，まず聞く力を育てるようにします。その最初の一歩として，私は当該学級の先生に合言葉を教えます。「話は目で聞きます」というものです。よく「顔を上げましょう」というかけ声がありますが，顔を上げるだけではダメです。子どもの目と教師の目を合わせます。全員と目が合ってから，教師は話を始めるようにします。それまで，話し始めてはいけません。

　目が合わなくなったら，間違いなく話は聞いていません。「注目」とはよくできた言葉で，目を向けていないものに，人間は注意や関心を払うことができないのです。子どもは一度言えば伝わるものではありませんから，都度，「目で話を聞いていますか？」と確認をします。

子どもが聞いているかを確かめずに，しゃべり続ける教師がいます。こういう教師が伝えている「隠れた教育（ヒドゥン・カリキュラム）」は，「私の話は聞いても，聞かなくてもよい」というものです。それを繰り返すから，教師の言葉の価値が下がって，伝えたメッセージの通りに話を聞かなくなるのです。教師が子どもたちの前で話す言葉は，全員が聞く価値のあるものである，という覚悟と責任をもたなければなりません。だから，全員が聞いているかどうか，目が合うかどうかで確認をする必要があるのです。

教育委員会の制度を利用する

　初任者については初任者指導教員がいますが，臨時講師や2年目以上の教員には指導教員がつきません。自治体によっては，臨時講師の授業を定期的に参観し，指導をしてくれる制度があります。

　2年目以上の教員の場合，教育委員会から指導主事を招聘して，指導をしてもらう方法があります。私も指導主事をしていたときに，難しい学級のサポートに行ったことがあります。校内で解決することが難しい場合や，管理職も一緒に指導を受けたい場合などは，外部の機関を上手に利用して，解決にあたるのも一つの手です。

　大切なのは，教育委員会をはじめとする外部の指導者に丸投げをするのではなく，**指導を受けた後，「何がわかったのか」「何を始めようと思ったか」「次に知りたい情報は何か」のフィードバックを，当該教員から管理職に報告させることが大事**です。その報告がセットだと，後で管理職に報告をしなくてはいけないので，講師の話を集中して聞く動機付けになります。そのひと手間が，講師の指導を効果的に浸透させるポイントです。

ポイント

・教材研究を通して，学び直しの機会をもたせる。
・学級づくりの第一歩は，聞き合うクラスをつくるところから。

職員間の人間関係について

関係性に課題のある教員同士への
アプローチ

あるとき，２人の教員が険しい顔をしてやってきました。「今から２人で話し合うんですが，教頭先生，立ち会っていただけませんか？」さて，管理職はどうすればいいのでしょうか。

いろいろな個性

　冒頭のエピソードですが，まさに決闘が始まるかの勢いで，思わず私は「お，おう」というような反応になったことを記憶しています。

　学校はいろいろな個性が集まってきています。子どもたちもそうですが，教員たちも同じです。他の職種の人からしてみると，教員ということで一括りにされて，真面目そうとか，お酒を飲むと盛り上がりすぎるとか，自分の価値観を押し付けてくるとか，ステレオタイプな印象が広がっています。

　しかし，実際はそうではなく，公務員としての服務を共通して守っている以外は個性派揃い。静かに読書をするのが好きな先生もいれば，みんなでわいわい盛り上がるのが好きな先生もいて，野球が好きな先生もいれば，音楽のライブに足繁く通う先生もいます。

　当然，先生たちの価値観も多様で，子ども理解についてや，教育観についても本当にバラバラ。そのように多種多様な価値観の先生たちが，１つの学校にいて同じ学校教育目標を実現すべく協力して働くのですから，いろいろな葛藤があって当然なのかもしれません。

　冒頭の２人の先生を相談室に連れていきました。「どうしたんですか？」

と私が聞くと，少し若い先生が首を振りながら私に訴えてきました。「私は（中堅の先生）が許せません。職員会議で決まったことなのに，全然守ろうとしないんです。ぼくのことが嫌いなのはいいのですが，学校として決まったことをやらないのが許せないんです」話せば話すほど顔が赤くなってきて，興奮しているのが見て取れます。

詳しく話を聞いてみると，若い○○主任が職員会議である提案をして決まったので，その状況を確認するために校内を巡回しました。しかし，その中堅の先生のクラスは提案とはまったく違うことを実施していたので，指摘をしたのでした。すると，中堅の先生は「確かに職員会議では通ったけど，子どもたちの実態として今は無理だ」と述べたところから言い争いに発展したのでした。

若い先生の怒りは止まりません。「以前もぼくが提案したことを一切無視したじゃないですか。そういう，決まったことをやらないのが何でなのか，ぼくには理解できないんですよね」

すると，中堅の先生が口を開きました。「決まったことを無視しているんじゃなくて，私は結果としてその状態になればいいと考えてるんですよ。決まりというのは，子どもたちがその価値を理解して，その上で守らせなければただの強制で，教育的な意味はないと思う」中堅の先生も顔を紅潮させて，言葉を選びながら反論します。

若手の先生はさらに反論します。「言いたいことはわかりますけど，じゃあ，いつまでに価値を理解させるんですか？3月までに理解できなかったら，できませんでした，ってなって，結局何も意味がないじゃないですか！」

折り合いをつけさせる

話を整理すると，若い○○主任は自分の責任において，任された校務分掌をしっかりやりたいと思っています。ですから，職員会議で決まったことはすべての先生が確実に行うべきであるし，それを行わないのは自分への悪意

4章 ｜ いろいろな職員のこと　117

もしくは敵意だと思っていました。

一方の中堅の先生は，職員会議で決まったことを実施する場合でも，子どもたちの発達段階や実態に応じて，徐々に浸透させていきたいと考えていました。だから，決まりだからといって，子どもたちに有無を言わせない指導は避けるべきだ，と考えていたのです。それぞれに言い分があり，それぞれに正しさや間違いがあります。おそらく，一方的に正しかったり，間違ったりしていたら，争いにならないんだと思います。

私はおもむろに口を開きました。「（若い先生），（中堅の先生），子どもたちのために，分掌の責任を果たしてくれて本当にありがとうございます」2人はまだにらみ合ったままです。

「先生たちのお話を聞くと，お二人とも，子どものためを思っているということは共通しているんじゃないかな，と思います。ただ，アプローチの仕方が違うだけで，それぞれに正しくて，だからこそ話し合いが平行線を辿っているように思います。今回話し合ってわかったのは，（若い先生）は（中堅の先生）が決まったことを無視している，と思っていたけど，そうではなくて，子どもの実態に合わせて徐々に浸透させている，ということだと思います。だから，方向は同じなんだということなんですよね。あと，必要なのは，（若い先生）にとっては，子どもの実態に合わせて指導していくことへの理解と，（中堅の先生）にとっては，その進捗状況を（若い先生）とシェアすることなんじゃないかなぁと思います」

言うことを言い合った2人はひとまず落ち着いて，教室へ戻っていきました。

静かな対立は厄介

前項の先生たちはまだ若く，表立って対立してくれたので，管理職が介入

する機会を得ることができました。しかし，とても厄介なのは静かな対立です。考えようによっては，目に見える対立ではないから，表面上は別に問題がないのではないかとも思えます。

ところが，どういうわけか学校組織が停滞していたり，職員の連携が十分に図れていなかったりするのは，この見えない対立が原因であったりするのです。そして次年度の校内人事を検討しているときに，この見えない対立が顕在化します。「○○先生とは同じ学年にしないでください」というアレです。教育観の違いのような高尚なものから，笑い方が嫌いといった感覚的なものまで，人の好き嫌いには本当に驚かされます。

生理的な嫌悪はどうしようもないので，あえて一緒にする必要がないのであれば，物理的に接点をもつ機会が少ないような配置にするのも一つかなと思います。しかし，どうしても一緒にしなければならない場合は，それぞれの先生に折を見て声をかけて状態をたずね，慰撫に努めます。

仕事に来ているのだから，同僚同士が別に仲良しでなくてもいいという考え方もあります。私自身も基本的にはそのように考えています。しかし，仲が良いに越したことはないし，気持ちよく仕事をしていきたいと思っているので，いつも笑顔かつ朗らかに仕事をしているつもりです。

職員同士の見えない対立は，噂として管理職の耳に入ってきますが，管理職自身のアンチ情報は耳に入ってこない傾向があるので，教務主任や主幹教諭からこっそり情報を得ることも重要です。

みんなから親しまれる管理職でありたいと思いますが，人の好き嫌いや合う合わないがあるから，仕方がない部分もあります。先生たちが働きやすいように環境を整え，学校教育目標の実現を目指していきたいと思います。

- 考えが対立した場合は，共通点を見つけて折り合いをつけさせる。
- 人の好き嫌いは仕方がない。可能な限り慰撫に努める。

4章 | いろいろな職員のこと

職員間の人間関係について

若手とベテランに距離がある場合の対応法

放課後，若手の先生方が職員室に戻ってきて，仕事の話や世間話に花を咲かせています。そこへ，ベテランの先生が入ってくると空気が一変し，会話が止まりました。管理職はどうすればいいのでしょうか。

ちょっぴり寂しい瞬間

冒頭のエピソードのような現象は，何もベテランの先生に限らず，管理職である我々が近づいても間々起こります。おそらく，管理職の悪口を言っていたわけではないのでしょうが，近づいたときにし～んとなるのは，何だかちょっぴり寂しい瞬間ではあります。

担任のときも，子どもたちにグループで話し合いをさせたとき，机間指導でグループの話を聞こうとすると，話し合いをやめてしまったり，ワークシートを隠してしまったりする子がいて，同じような気持ちになったことがあるかもしれません。

経験や職位に落差があると，人間は誰でも同じように，分け隔てなくコミュニケーションすることが難しいようです。管理職はどんなに先生方と親しくても，一線を引かなければいけません。そのような孤独感に耐えてこその管理者，監督者なのです。私は國分康孝先生が紹介してくださった，阿南惟幾・元陸軍大臣の言葉「勇怯の差は小なり，されども責任観念の差は大なり」をときどき念じて，管理職としての孤独感や覚悟について胸に刻んでいます。

とはいえ，ベテランの先生は管理職ではないので，孤独感の受容はデフォルトではありません。若手との差は致し方のないことだと受け入れているベテランの先生は，自己の価値観や感覚と共有できるところを拠り所にして，コミュニケーションを取っています。こういう学年は，雰囲気が良いです。

一方，若手の和気あいあいの雰囲気に，自分も同じように入れて欲しいと，ぐいぐい入ってくるベテランの先生もいます。たいていの場合，若手の先生たちは優しいので気を遣って対応してくれますが，ベテランの先生が帰った後に，誰からとなくため息が出始めたり，何か疲れた様子を見せたりしていることがあります。

また，その若手の和気あいあい自体を不愉快なものとして，受け付けないベテランもいます。仕事に来ているのであって，遊びに来ているわけではない，というお考えです。こういう学年は多くの場合，雰囲気が悪いです。

歩み寄れるのはどっち？

若手とベテランの距離について，前項で3つのパターンを紹介しましたが，一番よくあるパターンはもちろん，ベテランが上手に対応することです。年齢や経験が上なのですから，年下の先生たちのキャラクターを理解して，上手にコミュニケーションを取るのが一般的です。

しかし，ギクシャクするのは，2番目と3番目に出てくるようなベテラン教員です。承認欲求が強いので，自分がちやほやされていないと気がすまないのです。2番目に紹介したように，若手の先生が上手に対応してくれると，とりあえず1年間は平和な人間関係になります。しかし，若手の先生がそこまで配慮する気持ちがないと，学年の雰囲気が間違いなくギクシャクします。そうなると，ベテランの先生は管理職のところにやってきて，「今年の若手は気が利かない」などと，愚痴を述べにやってきます。

3番目の和気あいあいNGのベテランも，自己の承認欲求からそのような行動を取ります。しかし，人間は禁止されると余計にやりたくなるものなの

4章　いろいろな職員のこと　　121

で（「反動形成」），そのベテランが帰った後や，ベテランがいないところで盛り上がる「秘密結社」のようなグループができます。そうなると，若手とベテランの気持ちの溝は，どうにも埋められないものになることがあります。

　打開策は，「どちらが歩み寄れるか」にかかっています。私の肌感覚では，8：2で若手の先生に歩み寄ってもらっている感じがします。ベテランの先生にはプライドがあります。若手の先生には柔軟性があります。**ベテランの先生のプライドを立てながら，「斜め下から」歩み寄っていくと，だいたいうまくいきます。**

　しかし，配慮が必要なベテランの場合，「地雷」がどこに埋まっているかわからず，思わず若手が踏んでしまうようなときがあります。そういうときは，管理職が「せ～んせ～い，ど～したんですか～」と言いながらクネクネとベテランの先生に近づき，若手を守るようにします。

　この「クネクネ」が意外と大事で，真っすぐに「どうしたんですか？」とたずねに行くと，感情的になったベテランの先生は，自分の正当性を主張するために，若手の非をこれでもかと，面前であげつらうことがあります。そうすると，若手の先生はただでさえ感情をぶつけられて傷ついているのに，もう一度，傷を負うことになるからです。場合によっては，**感情的になったベテランの先生に「ちょっとお話を聞かせてもらえますかぁ～」と言って，別室に連れていくことも大事**です。

　一方，ベテランの先生の豊かな人間性に助けられたことも，たくさんあります。勉強不足，経験不足，人間としての未熟さで，いろいろと波風を起こしている若手に，「うちの息子をよろしくお願いします（笑）」と言って，いろんな学年に根回しをしている主任がいました。そんなに迷惑をかけているのにも関わらず，当の本人は主任の配慮に気づかず，どこ吹く風……。それを見かねた他の先生が「（主任）先生，私，彼に言ってやるから」という申し出に対して，「大丈夫，そのうちわかるようになるから～」とにこやかに辞退する姿に，神々しさすら覚えたものです。

具体的にできること

　具体的な介入方法としては，目標申告の面談などを捉えて，若手とベテランの両方から関係構築及び関係改善を依頼します。まず，①学年のメンバーの良いところ，世話になっているところ，頼りにしているところ，などを聞き出します。次に，②学年のメンバーの苦手なところ，改善して欲しいところ，嫌なところ，などを聞き出します。

　②の質問は，多くの場合「ありません」と答えます。そこへ，日頃の観察の情報を加えて，追加の質問をします。「そうですか。職員室ではイマイチ学年で会話が弾んでないように見えるんだけど，人間関係とかどうですか？」と直接的に聞く場合があります。

　ソフトに質問する場合は，スケーリング・クエスチョンを使います。「学年の人間関係を，最低を１，まぁまぁ順調というのを10とすると，いくつぐらいですか？」と聞きます。**10を理想像にしないのがポイント**です。

　「７ぐらいですかね」と答えたら，「１じゃなくて７なのは，何があるから７なんですか？」と言って，７の中身をたずね，その後に，「この７が８とか９になっているとき，今と何が違っていますか？」と聞きます。「今までに１回でも，その８とか９みたいになった日はありますか？」と聞き，もしあったら，その日の様子をさらに詳しく聞いていくという，「解決志向アプローチ」（※拙著，参照）の技法を用いた面談の方法があります。

　とりあえずは，学年でLINEグループをつくらせて，それぞれの誕生日をお祝いし合うのも関係構築及び関係改善の一助になります。

・若手とベテランの距離は，歩み寄れる方が歩み寄るように仕向ける。
・炎上したら，管理職がクネクネしながら近づくようにする。

職員間の人間関係について

学年内の人間関係がうまくいっていない ときの対処法

　授業参観の前日，○学年の廊下の掲示物が２種類に分かれていました。学年主任の学級を中心とした子どもの年間目標と，副主任の学級を中心とした図工の絵です。さて，管理職はどうすればいいのでしょうか。

人間関係が8割

　ある有名な劇団を主宰する方がエッセイの中で，「芝居を作るエネルギーの８割は劇団内の人間関係づくりで，残りの２割が作品づくりだ」と書いていました。大学生のときの私はイマイチピンと来ませんでしたが，学校管理職の今となってはすごくよくわかる話です。

　どの職場にも人間関係のいざこざがあって，学校といえども例外ではありません。人間関係が良好な学年・学校であれば，どんな困難があっても乗り越えていける気持ちになりますが，実際はそうではないので私たち学校管理職は日々，胃を痛くしているわけです。

　私は幸か不幸か大規模校の管理職しかやったことがないので，延べ人数にすると400人以上の先生たちを管理・監督してきました。毎年，学年４学級～７学級の集団を見てきましたが，学年内の人間関係には２つの類型があるように思います。

　それは雰囲気の良い学年と，そうでない学年です。(笑)

　雰囲気の良い学年のほとんどは，学年主任の面倒見が良いことが特徴です。学年主任が学年の先生たちにあれやこれやと気を遣って，学習の進度や行事

の調整，体調管理，プライベートについてまでも，コミュニケーションを十分に図っています。先生たちはいつも笑っています。

一方，**雰囲気の悪い学年は学年主任の関わりが薄く，コミュニケーションがビジネスライクで，どことなく冷たい感じ**がします。学年の先生たちから見て，学年主任が頼れる存在になっていません。ときどき，学年主任の考えを批判する意見も飛び出しています。そのように学年主任が，先生たちの依存の対象になっていないと，リーダーシップを発揮できなくなります。

また，学年主任の在り方に関わらず，学年の中で協調性がなかったり，感情的になりやすかったりするメンバーがいると，間違いなく雰囲気は悪くなります。ですから，年度末の学年人事の時期になると，「何年生でも構いませんが，○○さんとは一緒の学年にしないでください」という要望が出て，管理職が頭を悩ませることになるのです。

残念ながら性格は変わらない

学年の雰囲気を悪くする２つの大きな要因は，学年主任のマネジメントと雰囲気を悪くする一部のメンバーであると述べました。しかし，残念ながら人の性格を変えることはできません。人間的に冷たいと感じさせてしまう学年主任の性格は変えられません。雰囲気を悪くする先生の性格も変えることができません。

では，どうしたらよいのでしょうか。それは，**課題となっていることを明確にして，行動を変えてもらう**ことです。

例えば，冒頭の廊下の掲示物の話ですと，学年で掲示物が真っ二つに分かれていると，保護者が見たときに違和感を覚えたり，邪推されたりしてしまうから，揃えて欲しいと学年全員を呼んで指導します。

また，学年主任の関わりが冷たいと思う場合には，関わり方が不足している部分，例えば先生たちの体調やモチベーション，日常の困りごとなど，具体的な箇所を指定して，こまめに質問をするように仕向けます。そのような

4章 ｜ いろいろな職員のこと　125

関わり方の指導を行うことで，**学年主任が頼れるリーダーになれるよう，管理職がコーディネートしていきます**。

特に，**校内事情で経験年数がそれほど多くない教員に学年主任をやらせる場合，このリーダーシップの取り方をサポートすることが不可欠**になります。なぜならば，近年，若年者のコミュニケーションスキルの低さが顕著だからです。その背景として，彼らが学生時代に人間関係形成能力を育むような体験をしていないことがあります。

女性よりも男性にその傾向が強いので，男性の学年主任の学年に対しては，学年のメンバーの情緒的なサポートが十分になされているか，管理職は十分に目を光らせる必要があります。そのことと並行して，学年主任が人間関係を整えることに過大なストレスを感じていないかを，モニタリングするようにします。アドラー心理学ではありませんが，すべての悩みは人間関係に由来するからです。

お菓子を配る？

子どもだましというと子どもに失礼ですが，意外と学年の雰囲気を良くする方法として，お菓子を配るというものがあります。心理学的に分析すると，関係が良くなるのはお菓子が甘いからとかではなく，「プレゼントしよう」と相手を想う気持ちが，お菓子に象徴されているからです。

普段の行動とは異なり，お菓子を売っているお店に足を運び，自分のお金で買って，それを職場に持ってきて，配っている，という一連のプロセスが，お菓子を配るという行為の中に凝縮されているのです。もらう方は，「お菓子をもらった，よかった」，という表面的な認知と，無意識の中でお菓子をくれた人の一連のプロセスを認知しているので，お菓子を食べた以上の何かが伝わるのです。

関係性に課題のある学年は，**課題のある人だけでは問題は起こりません。課題のある人を残りのメンバーがどう受け止めるか，で雰囲気は変わってき**

ます。問題が続くのはその両者に問題があるからです。

　どちらかがその問題状況を継続する立ち位置から下りて，お菓子を配る側に回れば関係性を改善する糸口を掴むことができます。自発的にそれが起きないようであれば，管理職がお菓子を買ってきて，「ちょっと安かったから買ってきちゃった。学年の先生たちでどうぞ」などといって，若い先生に渡すのも一つの手です。「せっかくだからお茶を淹れよう」となれば，何かが変わるかもしれません。実は，その管理職が渡したお菓子にも，心理学的なメッセージが含まれているのです。

苦手な職員を大切に思う

　関係性に課題があるのは，何も部下の先生たち同士とは限りません。管理職である私たちにとっても，苦手な教員がいると思います。人間ですから仕方がない部分はあります。しかし，だまっていても思いは必ず漏れてしまいます。視線だったり，仕草だったり，言葉の端々だったりです。そういう非言語のメッセージは実際の言葉以上に深く刺さるから厄介です。

　ハコミ・セラピーという心理療法の一派に，「ラビング・プレゼンス」という技法があります。その**苦手な教員の中の，どの部分でもよいので1点素敵な部分を見つけましょう**。そして，それがその教員そのものだと感じるようにすると，関係性が良くなっていきます。どうぞお試しください。

- 性格は変わらないので，行動を調整しよう。
- 男性の学年主任の，情緒的サポートの程度をモニタリングしよう。

Column

職員面談で何を話す？

　人事評価の面談で，１人の教員と１年に少なくとも２回は面談しなくては
なりません。もちろん，教員が提出する自己評価シートを基に話すのですが，
私はせっかくの機会なので，その自己評価シートに書かれていないことを話
したいと思っています。

　それは，①どういう教員人生を送りたいか，②教員としてのミッションは
何か，③教員として大事にしていることは何か，④最近，困っていることは
ないか，⑤困ったときに頼る同僚は誰か，⑥学年は仲が良いか，⑦苦手な職
員はいるか，⑧困っている子どもや保護者はいるか，⑨体調や睡眠はどうか，
⑩管理職への注文はあるか，順不同でそういうことを聞きます。

　面談は基本，個室ですから，「ぶっちゃけトーク」ができる環境にありま
す。普段は周りの同僚に気を遣って言えないことも，「差し」ならば言える
場合があります。

　小規模校ならいざ知らず，私は管理職として大規模校しか勤めたことがな
いので，こういう機会でないと一人一人とじっくり話す機会がありません。
今挙げた①〜⑩の内容を聞くことで，学年の状況を掴むことができたし，そ
の中の人間関係とか力関係を把握することができました。

　⑩の「管理職への注文」で面白かったのは，「じゃあ，言わせてもらいま
すけど，初任に○○という分掌は重すぎると思います」と言われたことがあ
ります。確かに，初任にやってもらうには少し手ごたえがある分掌でした。
しかし，その分掌は１人でやるものではなく，いろいろな職員に協力しても
らう必要があるので，たくさんの先輩たちに名前を覚えてもらえたり，つな
がりができたりする仕事なのです。

　「そうか。大変だったね。その分掌をあなたにやってもらったのは，こう
いう意図があったんだ……」と説明する機会を得ることができたのでした。

5章

いろいろな保護者や地域のこと
~人生いろいろ，価値観もいろいろ~

保護者と学校の関係について

保護者の学校への期待を
受けとめる方法について

今年度初の保護者懇談会。担任からの説明が終わり，保護者から順番に意見を求めると，ある保護者は宿題を多く出せと言い，別の保護者は出すなと言ったそうです。管理職はどう助言すればいいのでしょうか。

保護者の意識調査から

2023年３月〜４月にベネッセが，全国の小中高校生の保護者652名を対象として，「保護者が担任の先生に求めること」というテーマで WEB アンケートを行いました (https://benesse.jp/qa/future/20230330-1.html)。自由記述の回答を整理した結果，「一人ひとりを尊重してくれること」，「コミュニケーションがとりやすいこと」，「授業が充実していること」，「宿題やテストなどの評価が適切であること」，「規則やルールを守ることを指導すること」などが挙げられました。

少し古いデータで，しかもコロナ前なので参考値ですが，ベネッセ・朝日新聞社共同調査「学校教育に対する保護者の意識調査2018」に，「保護者が学校へ望むこと」として，2004年から継続的に９割の保護者が以下の項目を望んでいました。「子どもの学校での様子を保護者に伝える」，「保護者が気軽に質問したり相談したりできるようにする」，「学校の教育方針を保護者に伝える」。

また，学校への満足度も2004年に比べて10ポイント以上上がっています。しかし，満足度の中身を詳しく分析してみると，学校ホームページの充実や

保護者へのゲストティーチャー等の協力要請など，情報公開を進めたことによる心理的距離の縮小という要因以外，具体的なプラス材料は見当たりませんでした。その証拠として，学校改革の柱である学習指導要領の改訂した内容（知っている10.6％）や，改訂したこと自体（改訂したことを知らない＆学習指導要領自体を知らない46.3％），ニュース等で報道された程度も浸透していないことがデータで示されています。

つまり，具体的に何かを望んでいるというよりは，一般的な印象としての「求める学校像」を学校や担任に期待し，授業参観の雰囲気や，保護者間の意見交流，子どもの家での様子から逆算して，学校や担任を評価している実態が窺えます。

そうなると，文部科学省をはじめとする上位機関が提示する教育改革を学校が進めたとしても，保護者に説明をしたり，保護者のニーズとのすり合わせをしたりする機会をもたなければ，保護者の学校への満足感は必然的に低くなってしまいます。逆に，保護者のニーズだけに寄り添ってしまうと，満足感は上がるかもしれませんが，国が求める方向性からどんどん遠ざかってしまいます。

雄弁は銀，沈黙は金

この見出しの言葉は，スコットランド出身のトーマス・カーライルが，1833年に発表した小説『衣装哲学』に書いたことにより広まった諺です。この諺は沈黙することの価値を説いたものですが，沈黙の金が生きるのは反対側に雄弁があるからに他なりません。終始沈黙をしていたのでは，金どころか銅にもならない，と思います（※ダジャレではありません）。

つまり，**学校としての方針を，PTA や学校運営協議会だけではなく，いかに保護者の末端にまで伝えることができるかが，本当の意味での保護者の満足度を高め，学校と保護者が同じゴールを共に目指すための肝**だということです。そこで必要なのは，学校が目指すゴールをまず，先生たち全員に浸

透させなくてはいけません。

みなさんの学校は，学校教育目標や学校経営方針を４月の職員会議で発表した後，職員室の前面の壁に掲示して終わりにしていませんか。これを毎月の職員会議や，毎週の打ち合わせで触れてから，会議に入ることも有効です。

そうすることで，先生たちと目標を共有できます。そして，その目標を保護者と機会を見つけて共有します。職員に浸透していないものが，保護者に浸透するわけがないからです。**私は学校の課題を指摘し，目指す方向を繰り返し先生たちに伝えるのですが，保護者にも機会を捉えて伝えます。**それは問題意識を共有して，解決に向かう仲間を募るためです。ここまでが「雄弁は銀」の部分の骨子です。

「沈黙は金」の部分ですが，必要なのは**管理職が率先して保護者に声をかけること**です。何か矛盾をしているように思えますが，理由は次の通りです。冒頭の意識調査で，保護者の９割は「保護者が気軽に質問したり相談したりできるようにする」ことを望んでいます。しかし，保護者と職員に良好な関係ができていなければ，気軽に質問したり相談したりできるようにはなりません。その関係づくりとして，保護者と物理的な距離を詰めなくては，何も始まらないのです。

ですから，私は大勢が集まる行事は流石に遠慮しますが，校内に保護者がいると必ず声をかけたり，世間話をもちかけたりします。「こんにちは」「今日は何かありましたか？」「暑くなってきましたね」「アサガオがだいぶ咲いてきましたね」「お子さんはおうちでどんなお話をしていますか？」などなどです。

もちろん，話しかけて欲しくないオーラや，イライラした雰囲気を発している場合もあるので，状況によっては深追い厳禁です。しかし，**助けを求めている保護者に限って，話しかけてくるなというアンビバレント（二律背反）な感情を抱いているので，「色良くない**

反応」に管理職が傷つくことなく，挨拶だと思って声をかけ続けることが，長い目で見たときに成果が出ます。この行動を私は「種まき」と呼んでいます。

「援助希求（help-seeking）」という言葉があります。困ったときに助けて！と言えることです。男性管理職には残念な研究結果があるのですが，この援助希求を一番拾えるのは40代〜50代の女性で，反対に一番求められないのは，40代〜50代の男性なんです。ですから，女性管理職が本当に重要なリソースですし，校内の上席の女性職員は貴重な人材といえます。

自分もまさに該当してしまう属性なので，残念な気持ちになりますが，自分が適当でないならば，相応しい人材をマッチングさせることに力を注ぐことにしようと思います。

冒頭のエピソードの助言

宿題を出してくれ，宿題を出さないでくれ論争は古くて新しい課題です。私はこの論争の不毛な点は，「出す／出さない」の二項対立である点だと考えています。学級担任のときは，その日に学習した内容を復習する，計算ドリルと漢字ドリルの該当ページを「共通課題」として全員に出します。その他に「自主学習ノート」という宿題も出します。宿題は学校の隙間時間にやってもいいし，家庭学習でやっても構わないことにしました。

また，「自主学習ノート」は，塾の「計算」や「漢字とことば」等をやっていいし，1行日記をしてもいいし，自由研究をやる子もOKにしました。放課後はいろんな状況の子がいます。これが正解！とは思いませんが，すべてを包含する柔軟なアイデアが，求められるのではないでしょうか。

ポイント

- 保護者は学校とのコミュニケーションを求めている。
- 管理職は積極的に来校してくる保護者に声をかけよう。

5章｜いろいろな保護者や地域のこと　133

保護者と学校の関係について

保護者組織と学校との関係を
スムーズにする方法

　4月に着任してからはや2か月。着任した学校にPTAはあるのですが，誰が会長なのかわかりません。役員さんも何回か見かけたのですが，何をしているのか不明です。管理職はどう動けばいいのでしょうか。

学校によって様々

　ある伝統校へ着任した次の日，身なりの整った男性と女性2人の合計3人が，「突然ですみません」と面会を求めてきました。何だろうと思ったら，その学校のPTA会長と副会長が挨拶にやってきたのでした。校長室へお通しして，私から着任の挨拶を，PTAの方々からはそれぞれ自己紹介という形で関係がスタートしました。

　別の学校へ着任したときは，副会長の方がPTA会議室のカギを借りに来たついでに，「初めまして」の挨拶を交わしました。しかし，会長さんはお忙しい方なのかお目にかかれず，会議にもほとんど参加しない方だったので，初めて会ったのがその年の10月ということもありました。

　そして，さらに別の学校へ着任したときのこと，PTAの会議が対面とリモートのハイブリッドだったため，映像でしか見たことがない役員さんというのもいました。

　そのように，学校によって保護者組織と学校の関係や，保護者組織の雰囲気が面白いくらいに様々でした。何が良くて何が悪いということではないのですが，**代表的な保護者組織であるPTAと上手に連携することが，管理職**

134

には求められます。役員さんは年によってメンバーが変わるので，同じ学校でも年度ごとに雰囲気が変わります。学校と良好な関係を保っていこうとする場合もあれば，PTAを改革しよう！と思って名乗りを上げた人がいる場合や，PTAを通して学校に物申したいという場合もあります。

どのような場合であっても，距離感を上手に取って，子どもたちや学校にとってプラスになるよう，管理職が調整する必要があります。

質の前に量を確保する

保護者組織と学校との関係は，コミュニケーションの質が命です。ただ，コミュニケーション一般に言われることではありますが，コミュニケーションの質を上げるためには，まず一定の量を確保しなければなりません。つまり，**学校を代表する管理職が，保護者組織の方々とコミュニケーションを進んで行わなくてはいけない**ということです。

では，具体的にどのようなコミュニケーションを取ればいいのでしょうか。基本の形は質問がよいと思います。「今日は何委員会が集まっているんですか？」「今日はどんなお仕事ですか？」「何人ぐらい集まっているんですか？」「結構，大変ですか？」「順調に進んでいますか？」「会議室は暑くないですか？寒くないですか？」「こんな時間までありがとうございます。お腹空きませんか？」「今，どんなことが話題になっているんですか？」「（小さい子を連れている場合）いくつですか？」「今度はいつ集まるんですか？」

「質問技法」とも言いますが，質問をすることによって，相手の考えや思いを引き出すとともに，たずねる側（管理職）が肯定的な関心や興味を保護者にもっていることを伝える，という心理学的な意味があります。自分が話す内容を考えて相手に伝えるわけではな

5章 | いろいろな保護者や地域のこと

いので，**内向的だったり，口下手だったりする管理職は，この質問技法を上手に使ってコミュニケーションすることをおススメ**します。

　そして大切なのは，この質問の答えに対するリアクションです。質問しておきながらリアクションが小さいと，相手から見てはしごを外されたような気持ちになってしまうので，笑顔で「え〜！そうなんですね」「大変ですね〜ありがとうございます！」としっかり反応して，最後に労をねぎらう，感謝の気持ちを添える，保護者の事情を斟酌する，で締めくくるようにします。

　この質問技法を用いて，保護者組織の方々とコミュニケーションの量を増やしていきます。コミュニケーションの量が増えると，必然的に関係が構築されるので，保護者の方から，学校への情報提供や質問，意見などが出てきます。

管理職が自分を開く意味

　質問技法で相手に話してもらう方法を述べましたが，それだけでは今一つ管理職の人柄がわからないので，保護者から見てまだよくわからない人物に映ります。この点については，自分の人柄を見せる，人柄は必要最小限でよい，あるいはそもそも人柄などは保護者に見せる必要がない，など，考えが分かれるところだと思います。

　あくまで私見なのですが，**私は自分の人となりをそこそこ開くようにしています**。心理学において，自分の考えや人となりを他者に開くことを「自己開示」と言います。一方で，「自分はこういう人間である」と装っている（演じている，ペルソナをつけている）ことを「自己呈示」といいます。

　自己開示をすると，両者の心理的距離は縮んで親しくなりますが，開きすぎると今度は鬱陶しくなって，嫌悪感が湧いてきます（cf.「ヤマアラシのジレンマ」）。ですから，管理職としての自己呈示の部分と，遠すぎない適度な距離を保つ自己開示とをバランスよく働かせて，けじめと人間味のある管理職として保護者組織と関わることが大切だと思っています。

そのような在り方で保護者組織と関わると，公的に協力してもらう場合と，まだ正式にリリースされていない情報に対しての意見や考えを聞いたり，お願いごとや相談事をしたりするような，非公式に協力してもらう場合の，どちらからでも学校の力になってもらえる可能性が生まれます。

お酒の席をどう考えるか

この話題は非常に悩ましい問題です。都市部においてはあまり存在しない話題ですが，地域によっては古き良き「飲みニケーション」という交流方法がいまだに残っています。この交流に参加しないと，関係がスムーズにならないのです。アルコールが苦手だったり，そもそもそのような距離の縮め方自体が嫌いだったりする管理職もいます。

何が正解なのかは私自身もわかりません。ただ，トレンドとしては，保護者組織との飲食を伴う会合はなくなる方向にあります。それは，働き方改革の一環でもありますし，不祥事防止の観点でもあるからです。

保護者組織との飲食を伴う会合は，仕事ではないにせよ，仕事の一部として時間が取られます。忙しい管理職が時間を捻出するために車で会場まで向かったら（※自治体によってはそれだけで処分されます！），飲酒運転のリスクが高まります。飲んで気が緩んで守秘義務に抵触したり，保護者と連絡先の交換をしてしまったり，飲食を伴う会合には諸々のリスクが潜んでいるのです。

私たちは教育公務員ですから，まず**各種法令及び通知を厳守し，地域の実態に合わせて，保護者組織との関係をつくる**ようにしていきましょう。

- 質問技法でコミュニケーションの量を確保する。
- 自己開示と自己呈示で保護者組織との適度な距離を調整する。

5章 ｜ いろいろな保護者や地域のこと

保護者と学校の関係について

難しい保護者との折り合いをつける方法

　　○年担任のＡ先生。放課後に保護者と長時間にわたって電話をしています。昨日も電話をしていましたが，今日もあと数分で１時間になるくらい長い電話をしています。管理職はどう対応すればいいのでしょうか。

確実に削られる

　連日の長電話によって教師のメンタルは確実に削られます。長電話の中では，同じような話がだいたい３回くらい出てきます。内容だけなら５分程度の長さなのですが，長電話の保護者は感情が収まらないので，同じ話を繰り返し述べてくるのです。幼い子が自分の気持ちを親に受けとめて欲しくて，同じ話を何度もするのに似ています。十分に気持ちを受けとめてもらった，という満足感が得られるまで，同じ話がループされます。

　また，「クレーム長電話」の目的は相手を時間的に拘束して，一方的に相手を支配し非難する攻撃性の発露ですから，馬乗りになって殴られ続けているような構造になっています。ですから，ストレス耐性が低い教員や，過去に精神性疾患を患ったことがある教員に対しては，この手の「クレーム長電話」の状況から早く解放してあげる必要があります。

　職員が長電話に手を焼いているのを見かけたら，「ここまでのお話を管理職に報告するので，一度切らせていただいてもいいですか？」というカンペや，「私（副校長・教頭）が代わろうか？」というメモをそっと渡し，クレーム電話に拘束されている状況を脱出させるのも１つの方法です。

138

クレーム電話を切ることができたら，保護者は何を問題としているのか，学校に何を求めているのか，いつまでに実施または回答すればいいのか，を確認します。その上で，返答のシナリオを考えて，電話をかけさせます。

見ている景色の問題

クレームというと，クレームを言ってきた保護者が「難しい保護者」である，と思いがちです。しかし，直接会って話を聞いてみると，保護者の言っていることの方の筋が通っていて，教員の方が保護者の言い分を理解していない場合があります。

電話でのやり取りを当該の教員から報告させて，保護者の要求や思いを明らかにしようとすると，報告した教員のフィルターやバイアスがかかっていることがあり，管理職が状況を誤解したり，よくわからなかったりすることが間々あります。ですから，**込み入った話は電話ではなく，直接会って話すというのが鉄則**です。副校長または教頭が陪席して，保護者と教員のやり取りを整理していくと，嘘のように解決することがあります。

言い換えると，保護者が難しいのではなく，保護者の思いを教員が正確に理解できなかったから，保護者がモンスターになってしまったという場合もあります。そのような認識のズレは，保護者の感覚が独特だから起こる場合と，教員の認知が独特だから起こる場合と，その両方で起こる場合とがあります。つまり，**保護者と教員の見ている景色がズレている**ということです。

管理職が教員と一緒に保護者と面談すると，そのような認識のズレを修正することができます。保護者の言いたいことを，教員に「通訳」することができるからです。逆に，教員が言いたいことを，その保護者の理解に合わせて，管理職が「通訳」することも有効です。「難しい保護者」は，単に教員の理解力や伝え方に原因がある場合も少なからずあるのです。

5章 ｜ いろいろな保護者や地域のこと　　139

感情的な保護者

　最近，客から店員へのハラスメントを「カスハラ（カスタマー・ハラスメント）」として非難する風潮があります。学校においても同じように，脅したり，恫喝したりする保護者がいます。店だけでなく，学校でもこのような「カスハラ」へ，毅然とした対応を行いたいものです。しかし，役所や病院にはガイドラインや，カスハラを防止する掲示があるのに，学校にはまだありません。もうすぐ，学校へもこのようなハラスメントへの対策が通知されるのではないかと期待するばかりです。

　いかなる理由があろうとも，学校や教員に暴力をふるうことや威圧的な恫喝をすることは許されません。小野田正利先生が言うように，「教師はサンドバッグ」ではないのです。しかし，私たちを守る法律がないために，それらの暴行に晒されることがあるのです。

　例えば，応接室の机を叩いて恫喝する保護者や，教員を長時間に渡って罵倒する保護者がいます。現状では，そのような行為が収まるまで，ひたすら耐えるしかありません。身体に暴力を受けた場合は，病院を受診して診断書を取り，警察に相談して被害届を提出します。併せて，教育委員会への報告を忘れずにしましょう。

　暴言や恫喝については，証拠となる録音が有効です。とはいえ，暴言や恫喝は前もって予想できないことがあるため，スマートフォンのICレコーダー機能を活用し，録音する方法があります。もちろん，話し合いの録音を事前に保護者から了承してもらうのが原則ですが，人権侵害の証拠を直ちに残すにあたって，加害者の了承を得る必要があるとは思えません。

　保護者による暴言や恫喝によって，教員や管理職自身が精神的にダメージを受け，被害届を出す事態になった場合に，この録音データが証拠になります。何の記録も残っていなければ，教員や管理職は泣き寝入りせざるを得ません。了承を得ない録音は確かにマナー違反で気が引けますが，教員や管理

職自身を守るための必要な例外だと思います。

学校が割れる

　保護者の中には，人格障害をはじめとする精神疾患を患っている方がいます。その症状によっては，教員のもっている人間的な弱さや，性格的な傾向を刺激し，保護者の感情に巻き込まれたり，教員が自らの精神疾患を発症したりすることがあります。

　代表的な精神疾患として，「境界性パーソナリティー障害」というものがあります。この疾患の方の感情に巻き込まれると，学校組織が真っ二つに割れることがあります。具体的には，保護者が担任や学年主任に対して著しく価値下げをし，管理職を理想化するという行動を取ることがあるのです。

　担任や学年主任からすると「とんでもない保護者」ですが，管理職からすると「担任や学年主任に理解されないかわいそうな保護者」として映ります。この症状の特徴なのですが，自己の否定的な面を担任等に，理想的な面を管理職に投影することがあり，同じ人間とは思えない矛盾した行動をするので，専門的な知識がないとそれぞれを非難し合う状況になることがあります。

　関係する職員の，保護者への印象が正反対であったり，保護者へ過度に肩入れしたりしている職員がいる場合には，保護者の境界性パーソナリティー障害を想定して，チームが感情的に巻き込まれないようにします。そのためには，過度に共感しすぎず，かといって否定しすぎず，関係職員全員が距離感を意識して淡々と対応するように共通理解を図るようにしましょう。

ポイント

- 保護者からの長電話には「救いのメモ」を差し出す。
- 職員への人権侵害には法的措置を視野に入れる。

5章 ｜ いろいろな保護者や地域のこと　　141

地域と学校の関係について

地域の成熟度を測って，
地域の力を把握する方法

　4月にあまりよく知らない地域の学校へ着任しました。どういう人たちが住んでいるのか，どういう地域の力があるのか，まったく見当がつきません。さて，管理職はどう動けばいいのでしょうか。

ごみを拾いながら歩く

　余程のことがない限り，校長と副校長・教頭が同時に異動することはありません。どちらかが前年の状況を知っています。特に，副校長・教頭は地域の窓口になっていますから，前年度にいた校長よりも情報をもっていることが多いです。ですから，**異動してきた管理職は，まず前年度からいた管理職にどういう様子かを聞いてみるというのが，地域を理解する第一歩**です。

　しかし，話として聞いていても，今一つピンと来ない，イメージが湧かないというものです。実際に見たり，経験したりしていないので，ぼんやりとした理解しかできないのです。とはいえ，引き継いだ直後というのは，地域の情報に限らず校務全般そのようなものでしょう。

　多少仕入れた情報を基に，実際に地域を歩いてみましょう。私のスタイルは，**学校名が入った蛍光色のベストを着て，ビニール袋を左手に，長い火ばさみ（トング）を右手に，学校の周りを歩きます**。学校名が入ったベストを必ず着るのは，不審者に間違えられないためです（笑）。

　地域を歩きながら，落ちているごみを拾います。落ちているごみで，地域の雰囲気やそこを通る人がどういう人かがわかります。どこの地域の学校へ

142

行っても一番多いごみはタバコの吸い殻です。昔ながらの地域へ行っても，新しい高層マンションが建つ地域でも同じです。必ず吸い殻が落ちています。

　地域差があるのは，アルコール飲料の缶が落ちていたり，コンビニの食べ物の包装紙が落ちていたり，ファストフードのドリンクのカップが落ちていたりすることです。おそらく飲食しながら歩いていて，食べ終わった後の行動がそこに表れているのでしょう。ツツジの街路樹の上にごみが捨ててあったり，逆に植込みの下に隠していたり，その地域に特有のパターンがあります。捨てている場所と，捨てられている物がいつも同じということもあります。おそらく同じ人が同じような行動をしているのでしょう。「ポイ捨て禁止」という貼り紙をしたところで，あまり効果はありません。

　「向こう三軒両隣」という言葉がありますが，**学校の近隣の施設やお宅には着任したら挨拶をします**。雑草がそれらのお宅にお邪魔したり，夜中に火災報知器が鳴り響いたりして，ご迷惑をかけたりすることがあります。そのときに，以前から面識があるかないかで対応は全然変わります。地域を回りながら，子どもたちが迷惑をかけそうな施設や店舗にも，挨拶をして回ります。

学区が広い場合

　とても学区が広い場合，学校の自転車を使って地域を回ります。集団登校がある学校に着任したときは，曜日を決めて，子どもたちの集合場所を回っていました。当番の保護者に挨拶したり，子どもたちが安全に登校しているか見守ったり，朝から地域を縦横無尽に走っていました。

　そうすると，地域や保護者の方たちに「自転車で回ってくれている先生」として，受け入れてもらうことができます。集団登校の集合場所に子どもを連れてきた保護者は，子どもを送り出した後，少し立ち話をすることがあります。その保護者たちと世間話をしたり，畑にいる農家の方と話をしたりして，積極的に地域に入っていきました。

5章｜いろいろな保護者や地域のこと　143

昨今の働き方改革という観点に立つと，あまりおススメできない方法かもしれません。しかし，そのように地域を回ってから学校へ戻ると，学校にいるだけでは得られない**「学校は地域の中にあって，学校の中だけで完結するものではない」という，メタの視点をもって仕事にあたれる**から不思議です。

地域の成熟度を測る

　地域の成熟度というのは，その地域の歴史の長さにほぼ比例します。そこに住んでいる人が何世代目か，というのも1つの指標です。今住んでいる人が3世代目以上だと，かなり地域的には成熟しています。保護者もその学校のOBやOGであったり，さらに祖父母も卒業生だったりします。そういう地域では古くからの行事やしきたりが残っていて，地域の名士が各種団体の長を務めています。PTA会長が名誉職になっている場合も多くあります。

　そういう地域では，PTAの活動も盛んで，学校の大きな力になってくれることが多いです。地域の見守りもPTAだけでなく，町会やふるさと協議会や青少年育成協議会，民生委員，主任児童委員などで行っていて，地域の力を肌で感じることができます。

　その一方で，それらの行事は学校を会場として行われることが多いため，管理職が週休日に出勤することも多いという特徴があります。また，事前の打ち合わせや，事後の打ち上げ等に管理職が顔を出さなくてはいけないので，校務以外に時間を取られることがあります。さらに，そういう会合に欠席をすると，管理職の評判が悪くなるという恐ろしいペナルティが待っています。

　新しい地域の場合，他の地域から移り住んできた人がほとんどです。住民同士の人間関係がほとんどできていません。ですから，町会というものも存在しなかったり，名目だけ存在したりしています。ふるさと協議会や青少年

育成協議会なども，同じ地区なのにもともとあった近隣地区の団体の区分によって分断されていたりします。地域の担い手も定まらないので，いまだに整理されていないという場合もあります。

そういう地域は，しがらみがない分，新しいイベントに挑戦できますが，伝統と呼べるほど継続的な取り組みは少なく，担い手となる人も入れ替わりが激しいです。なぜならば，担い手となる人の年齢が，働き盛りの世代であることが多く，転勤や仕事の忙しさによって，地域の活動へ継続的に取り組めないことがあるからです。このような地域のPTAは年度ごとにメンバーが一新されるので，運営方針に一貫性がなく，毎年度スタートアップ企業のように安定性がないことが特徴です。

地域の力とは何か

何をもって地域の力と定義するかは，管理職の考え方によって議論が分かれるところでしょう。地域の成熟度が高ければ，地域の人々の影響が良くも悪くも学校に降り注ぎます。一方で，地域の成熟度が低ければ，学校とともに地域を育てていく面白さがあります。

学校がどのような成熟度の地域にあっても，それぞれに一長一短があります。**地域住民の願いと，学校長としてのビジョンをすり合わせ，双方にとってメリットがあるような「在り方」を見つけていく必要**があります。その際，働き方改革の視点を常にもって，できるだけ先生方を週休日に出勤させないように努力しましょう。

ポイント

・地域を知るには足を使うようにする。
・地域の成熟度と学校の目指す方向性をすり合わせる。

5章 ｜ いろいろな保護者や地域のこと 145

地域と学校の関係について

地域と学校の関係を整える方法

　古くからある地域の学校に着任しました。それなのに，町会やふるさと協議会などの方々とのつながりをイマイチ感じません。いろいろと相談したいこともあります。さて，管理職はどう動けばいいのでしょうか。

新興住宅地域の経年変化

　地域が十分成熟していて，古くからの住民も多くいるところなのに，学校にまったく関わってこないことがあります。同じような地域は，比較的ぐいぐい学校に絡んできて，圧倒されることもあるくらいなのに，です。

　管理職としては，あまりぐいぐい来ない地域は自分が週休日に出勤したり，地域の行事に先生たちを動員させたりしなくてすむので，ホッとする気持ちもありますが，あまりに関わりがなさすぎると却って「大丈夫なのか？」と感じることがあります。**新しい地域ではないのに，地域と学校の関係が薄い場合は何らかの事情がある**と思って間違いないでしょう。

　例えば，学校は古くからある住宅地の中にあるものの，子どもたちはその地域から離れた新しい地区から通ってきている場合があります。つまり，学校が建っている古い地区の子どもはすでに成人していて，そこの住民が保護者でない場合です。自分の子どもがその学校に通っていると，学校とのつながりがあるので地域に貢献しようとする動機が起こりやすいです。しかし，子どもが卒業して他の地区に移り住んでしまうと，同時に地域とのつながりもゴミ出しと回覧板，町会費を納める程度になってしまうことがあるのです。

そういう地域では，学校との関係はおろか地域自体の力も低下します。住民の高齢化率の上昇や空き家問題，地価の下落，などが予想されます。

一方で，子どもたちが通ってくる新しい地区は，地域としての成熟度が低く，地域の担い手の年齢層は主に働き盛りの世代です。ですから，活動できるのは在宅勤務の人や，専業主婦，自営業の保護者が中心で，PTA を通して学校に関わっています。そのような保護者は，子どもに関わる地域行事の担い手でもあります。

しかし，この新しい住民たちも，子どもがその学校を卒業して関わりがなくなると，さきほどの古い地区の住民たちと同じようなパターンになります。その頃には，学校の児童生徒数が減少して小規模の学校になります。

過去のできごと

前項のテーマは住宅地域の経年変化というマクロの話なので，学校がどうこうできるものではありません。そのような地域の特徴を把握した上で，学校がどのような部分でつながっていけるかという，戦略を立てるための1つの視点です。いわば，地域との関係が悪いわけではなく，ただ単に地域の担い手不足や後継者の不在が背景にあるということです。こういう場合は，名目だけではなく，実際に動いている地域の資源を探って，学校とのつながりを太くしていくようにします。

近年，「子ども食堂」を運営する地域団体が増えてきました。自校の子どもたちが世話になることがあったり，その子どもたち周辺の情報が入ってきたりするので，ときどき顔を出したり，一緒にカレーを食べたりするのも1つの方法です。

困るのは学校と地域の関係が思わしくない場合です。実際にはいくつかのケースがあります。1つは，学校の建設が地域住民にとって歓迎されなかった場合です。学校や保育園などは，子どもたちの声がうるさい，保護者の送迎の車が交通の障害になる，などといった理由から，「迷惑施設」と受け取

5章｜いろいろな保護者や地域のこと　147

られることがあります。したがって，学校が建つ前から，地域住民と学校との折り合いが良くなかったり，学校の活動に制限があったりする場合があります。最近あるパターンとして，学校の方が先に建っていたにも関わらず，後から移り住んだ住民からの騒音等の苦情に対応しなければならないケースもあります。

　別のケースとしては学区の問題です。学校ごとに通学区域が割り振られていますが，様々な事情から通学区域の変更が行われることがあります。そのような場合，地域住民全員が納得するような変更にならないことがあり，地域住民の中で遺恨になるようなケースもあります。

　他にも，過去の管理職が地域とのやり取りに失敗して，当の管理職が異動したにも関わらず，地域と学校の関係の悪さが残ったような場合や，地域からの要望が多すぎたり，学校の実情に合わないために，意図的に地域と距離を置いたりしているようなケースがあります。

学校運営協議会を上手に活用する

　そのように，学校を取り囲む地域の実態は，知れば知るほどいろいろな事情やしがらみが幾重にも折り重なっていることがわかります。2，3年くらいしか在籍しない管理職に，できることは限られています。自分しかできない大きなことや，継続的に取り組まなければならないことを始めると，次の管理職が「後始末」をしなくてはならなくなります。**持続可能性と状況の改善をセットで考える必要**があります。

　持続可能な改善を行う上で，学校運営協議会の充実及び活用は非常に有用です。その地域の重鎮である町会長や，地域でイノベーションを起こしたい若い世代，近隣学校及び施設の長など，学校と地域がコラボレーションする機能が学校運営協議会にはあります。たとえ，**管理職が2，3年で異動してしまっても，地域住民は住み続けるので，基本的な方針は継続していきます。**

　何よりも大事なのは，学校運営協議会のメンバーの人選です。「地域のこ

とはこの人の耳に入れておけば大丈夫だ」という人を必ず入れておきたいものです。しかし，地域の重鎮だけで固めると，話し合いが活性化されないので，地域で活動するNPOのスタッフや学生，近隣学校・幼稚園・保育園の校長・園長，PTA会長など，多様性をもった会議体にすることが重要です。

学校運営協議会

やはり質の前に量

　地域との窓口は主に副校長・教頭になると思われますが，地域と学校の関係もコミュニケーションの質がカギになっています。コミュニケーションの質を高めるには，子どもや保護者との関係の場合と同じく，まず一定の量を確保する必要があります。

　ましてや，地域と学校の関係が希薄だったり，良好でなかったりする場合には，コミュニケーションの量を徐々に増やしていくような配慮が不可欠です。地域とともにある学校「コミュニティースクール」が，「地方教育行政の組織及び運営に関する法律」第47条の5で努力義務化された今，**地域と学校の関係を構築するために，できることから始める必要**があります。

　管理職が地域と関係をつくるべく，コミュニケーションの量を確保し，地域の有力者を見つけてチームに入ってもらうよう努力しなければなりません。

> **ポイント**
> ・住宅地域には一定の経年変化のパターンがある。
> ・学校運営協議会を上手に活用する（人選が大事）。

地域と学校の関係について

地域からの苦情にさわやかに対応する方法

> 学校に地域から匿名で苦情の電話がかかってきました。公園で子どもたちが騒いでいるというのです。電話の向こうの人はかなり激高しています。さて，管理職はどのように対応すればいいのでしょうか。

担当者と現場に行く

　地域によっては匿名の苦情（クレーム）電話がたくさんかかってきます。どの地域に行っても一番多いクレームは，「子どもが歩道いっぱいに広がって歩いていて通れない（すれ違えない）」です。私が今までに勤務した学校は大規模校がほとんどなので，学校規模に対して歩道の幅が狭いという地域の事情が背景にあります。

　そうはいっても，「歩道が狭くて子どもが多いんだからしょうがないですね」と言えるわけもないので，「それは大変申し訳ございませんでした」とまずはお詫びをします。その上で，「今から現地に行って確認をしたいので，詳しい場所を教えていただけませんか？」とていねいにお伺いし，場所がわかったら**生徒指導担当か安全担当の職員を連れて現場を見に行きます**。

　管理職１年目のときは，組織対応という視点が浅かったので，フットワー

クの軽さもあって，学校の自転車にまたがって1人で急行していました。現場の写真を撮って，子どもたちの様子を見て，電話をかけてきた人がいる場合には話を聞いて，学校へ戻ります。そして，生徒指導担当や安全担当に見てきた様子や撮影した画像を見せて，対策を一緒に考えていました。

　しかし，見に行ったのが私だけだと，生徒指導担当や安全担当に伝えてもどうしても「温度差」が生まれてしまいます。それぞれの担当の問題意識が高まらないことに気づきました。担当が別の仕事で向かえなかったり，急を要したりする場合は管理職が単独で向かいますが，担当を一緒に連れて行ったり，担当に向かわせないといけないんだなぁ，とわかったのでした。

素早く対応する

　確かに組織対応は大切なのですが，**素早く対応することが何よりも重要**です。事後の対策や対応が見えないと，通報してきた人は「無視された」「隠蔽された」「握りつぶされた」という感情を掻き立てられ，再びクレームの電話を入れてきたり，「あの学校はダメだ」と近所に噂を立てたり，ネットに書き込んだり，教育委員会に電話したりすることがあります。

　クレームの内容によっては，すぐに解決できないものもあるのですが，学校として努力している姿が相手に伝わることが大事です。例えば，下校時の歩き方についてクレームが来た場合には，教員が輪番制で子どもたちの下校の見守りをするという方法があります。

　しかし，働き方改革のガイドラインの中で，登下校の見守りは教職員が行う仕事ではないと示されているので，地域や保護者組織に協力を求めることが必要になってきます。そうはいっても，すぐにそれらの組織が動くわけではないので，暫定的に教員が対応する必要が出てくる場合もあります。先生たちに申し訳ないので，自分1人で通学路を回ったことも正直あります。「理想と現実の狭間」を感じるできごとではあります。

　　子どもたちというのは大人よりも真面目で誠実なので，指導したことは目

5章｜いろいろな保護者や地域のこと　　151

に見えて効果が表れます。 1週間毎日指導すると，下校における歩き方が，ある程度改善してきます。

応えられないクレーム

　しかし，事態が改善されたからといって，教員の見守りがなくなったり，そもそも教員が立っていなかったりするエリアでは，従来通りの下校風景が広がってしまうものです。「教師が見てないと子どもなんて悪さをするのだから，毎日学区を見回れ！」という電話を受けたこともあります。

　こういうクレームに対しては，「誠に申し訳ありませんが，毎日は難しいです」とはっきり伝えます。できないことはできないからです。**できないことをできると言ったり，できるんだかできないんだかはっきりしない返答をしたりするのは不誠実**です。

　その代わりに「○○をします」と伝えます。例えば，「PTA の旗振り当番の役員さんに連絡して，今日，ご連絡いただいたエリアについても注意して見守るように依頼します」とか，「学校の連絡システムを使って，全家庭の保護者に注意喚起のメールを配信します」など，**地域の要求に対して「ゼロ回答」ではなく，何らかの提案を示す**のです。

　少し矛盾した言い方になるのですが，「難しいです」とはっきり伝えるかは，正直言ってケースバイケースです。その返答によって逆に炎上したり，激高したりする人がいるからです。立て板に水で「難しいです」というか，「毎日職員が立つと，確かに効果はあると私も思うのですが〜，なかなかね〜，難しいところもあるんですよね〜」と言うかは，相手の反応を見ながら調整していく必要があります。

　だいたいのクレームは感情に駆られて電話をしてくることが多いので，相手の感情が収まるまで，ていねいに話を聞く必要があります。学校はただでさえ時間がないのに，クレームの電話で時間を奪われるのは非常に困ります。しかし，もっと時間を奪われる事態にならないために，最後まで話を聞き切

るようにしましょう。

教育委員会と連携する

　クレームの内容によっては，学校がどうすることもできないことがあります。例えば，「横断歩道の青信号の長さをもっと長くして欲しい」，「暗くて危ないので街灯をつけて欲しい」，「歩道がないのでつくって欲しい」，「路上駐車の車が危ないから何とかして欲しい」などがあります。毎年，通学路の安全点検や要望を教育委員会に報告する依頼が来ると思うので，それらの地域からの要望は，報告の文書に含めて伝えるようにしましょう。

　要望を伝えてきた地域の方には，「ご連絡ありがとうございます。教育委員会の担当部署に報告いたしますので，また何かお気づきのことがありましたら，遠慮なくご連絡ください」と返答します。

　また，繰り返しクレーム電話をしてくる人がいる場合，クレームの内容を教育委員会に伝えつつ，教育委員会がその人について知っていることはないか，対応の留意点はあるか，などを情報収集しておくことも有効です。対応の仕方を間違えると，ややこしいことになるケースがどの地域にもあります。

　一般的なクレームへの対応方法を身に付けておくことも大事ですが，特定の人物への対応方法も存在するので，**自分の経験やスキルを過信せず，謙虚に教えを乞う姿勢が重要**です。

　校務が立て込んでくると，気持ちに余裕がなくなって，管理職自身がカリカリしてしまうことがあるものです。**自分という１人の人間が対応しているのではなく，校長・副校長・教頭という「役」が対応しているのだ，というように，自らの人格と切り離してみると少し気が楽になる**ことがあります。

・苦情には素早く誠実な対応を心がける。

・難しい苦情については，教育委員会と連携して対応する。

あとがき

　最後までお読みいただきありがとうございました。読んでくださった方の何かの糧になってくだされば，これ以上の喜びはありません。

　学校管理職の仕事は，どの管理職もだいたい同じようなアウトプットになる部分と，「その人にしかできないアウトプット」の部分があります。同じようなアウトプットでいうと，文書作成や教委への報告など定型的な校務があてはまります。一方，「その人にしかできないアウトプット」は，職員室の雰囲気づくりや保護者対応などがあてはまります。

　「その人にしかできないアウトプット」を生み出す，目に見えないスキルの方が学校経営や学校運営に大きな力を及ぼしているのが実際です。しかも，この目に見えないスキルというのは，経験によってしか学べないのですが，経験しても学べるとは限らないという厄介な代物です。もしかすると「感性」の一種なのかもしれません。

　その目に見えないスキルを初めからもっている人，すぐに身に付けられるセンスの良い人も確かにいます。しかし，私自身はそういう目に見えないスキルをすぐに身に付けられるセンスはもっていません。

　ただ，私が学び続けている心理学の知見を用いることによって，経験を整理し，自分のスキルとして蓄積することができています。この本は私が学校管理職として経験したできごとを，そのような理論をベースに整理したものです。私自身が経験で得た知見をたたき台として，読んだ方一人一人の「職場問題解決事典」になればいいなと思います。

　私自身はこれから10年以上続く学校管理職としての経験を，自分自身のスキルとしてさらに蓄積していくつもりです。

　この本は私が世に出した4冊目の単著です。明治図書出版の茅野現さんには，1冊目の『ポジティブ学級に変える！解決志向アプローチ入門』に続い